KÜCHEN-CLASSICS

Feine Geschenke aus der Küche

compact via

Abkürzungen

EL	Esslöffel	TK	Tiefkühl…
TL	Teelöffel	kcal	Kilokalorien
kg	Kilogramm	kJ	Kilojoule
g	Gramm	EW	Eiweiß
mg	Milligramm	F	Fett
l	Liter	KH	Kohlenhydrate
ml	Milliliter	Bd.	Bund
cl	Zentiliter	Msp.	Messerspitze
gestr.	gestrichen	1 kJ = 0,239 kcal	
geh.	gehäuft	1 kcal = 4,184 kJ	

Impressum

compact via ist ein Imprint der Compact Verlag GmbH

Chefredaktion: Evelyn Boos
Redaktion: Isabel Martins
Produktion: Johannes Buchmann
Einleitungstext: Heike Kügler-Anger
Umschlaggestaltung und Layout: h3a GmbH, München

ISBN 978-3-8174-8555-0
381748555/1

www.compact-via.de

Inhaltsverzeichnis

Feine Geschenke mit Geschmack und Genuss

Kleine Geschenke erhalten die Freundschaft, so sagt der Volksmund. Aber immer nur ein Blumenstrauß oder eine Flasche Wein werden auf Dauer sowohl für den Schenkenden als auch für den Beschenkten langweilig. Richtig gute Geschenke sind dagegen die, die von Herzen kommen, die mit Liebe und Sorgfalt zusammengestellt und mit den eigenen Händen zubereitet werden. Um den Ort zu finden, der wie geschaffen dazu ist, genau solche Geschenke hervorzubringen, muss man nicht lange suchen – dieser Ort ist die eigene Küche!

Mit den richtigen Zutaten, dem nötigen Gewusst-wie und einer Portion Liebe zum Kochen und Schenken lassen sich am eigenen Herd das ganze Jahr über und für jede Gelegenheit süße oder salzige Köstlichkeiten zaubern, die in jedem Bissen oder mit jedem Löffel Geschmack und Genuss vereinen. Denn knusprigen Keksen, zart schmelzenden Pralinen, fruchtigen Gelees und Konfitüren wie auch herzhaften Knabbereien, würzigen Chutneys und Pestos, fein Eingelegtem oder edlen Tropfen kann niemand widerstehen! Das gilt besonders dann, wenn die kulinarischen Aufmerksamkeiten aus der eigenen Küche bruchsicher verpackt, hübsch eingehüllt und attraktiv verziert überreicht werden. Feine Geschenke aus der Küche kommen immer gut an, und das nicht nur bei der besten Freundin oder beim besten Freund!

Geschenke der ganz persönlichen Art

Selbst zubereitete Aufmerksamkeiten aus der Küche sind immer etwas Besonderes und Einzigartiges. Sie lassen sich nämlich so zubereiten und zusammenstellen, dass sich alle, die es zu beschenken gilt, daran erfreuen, und das in jedem Alter und in jeder Lebensphase:

Oma freut sich mit Sicherheit über Orangen-Schoko-Konfekt oder Rote-Grütze-Konfitüre. Opa schätzt dagegen das eine oder andere Löffelchen herzhaften Senfs oder fein abgeschmeckte Rillettes. Der Schwester oder Freundin, die Job, Kinder und Haushalt

unter einen Hut bringen muss, bereitet man mit einem Glas Pesto, mit eingelegten Zucchini oder Paprika eine Freude, weil sich diese feinen Spezialitäten mit Nudeln, Reis oder auch Brot im Handumdrehen zu einer kleinen Mahlzeit „verlängern" lassen. Die lieben Kleinen oder vielleicht auch schon etwas Größeren (nicht nur) der Schwester oder Freundin mögen zum Nachtisch oder auch zwischendurch sicherlich ein paar Schokoecken oder exotische Fruchtdonuts. Kleine Kuchen aus dem Glas oder Mini-Panettoni erfreuen alle, die gern die nachmittägliche Teestunde zelebrieren oder etwas Süßes zu einer gepflegten Tasse Kaffee schätzen. Herzhafte Kleinigkeiten wie pikante Mandeln und Blätterteigröllchen mit Schinken kommen nicht nur als Mitbringsel zum Herrenabend, sondern bei allen, die es nicht so gern süß mögen, gut an. Hobbyköchinnen oder Feierabendköche schätzen fein aromatisierte Öle, fruchtige Essige und würziges Tomatenketchup. Die Freude wird noch größer, wenn das verwendete Rezept hübsch aufgemacht Beigabe des Geschenks ist.
Für Genießer, die nach dem Essen oder zum Feierabend gern einen edlen Tropfen trinken, ist in eine hübsche Flasche abgefüllter Schokoladenlikör oder Himbeerlimes das ideale Geschenk. Und bei Liebeskummer oder den kleinen Kümmernissen des Alltags können in fröhliche Farben verpackte Kirsch-Rum-Kugeln oder Macadamia-Schoko-Cookies Trost und gute Laune spenden.
Es findet sich kein konkreter Anlass zum Schenken? Egal, denn die kleinen feinen Köstlichkeiten aus der eigenen Küche sagen schöner als alle Worte: Ich mag dich!

Gut geplant ist gut geschenkt

Auch bei den feinen Geschenken aus der Küche lohnt es sich, das Motto „Gut geplant ist gut geschenkt" zu beachten. Denn nicht jedes Geschenk macht jedem Beschenkten automatisch Freude. Freunde von würzigem Käse werden eingelegten Ziegenkäse oder Manchego lieben. Wer Käse jedoch im wahrsten Sinn des Wortes nicht riechen kann, dem wird man mit Zwiebel-Speck-Hörnchen oder einem delikaten Chutney eher gerecht. Einen guten Grund, jemanden mit feinen Schokoladenkreationen zu verwöhnen, gibt es eigentlich immer – es sei denn, der oder die Beschenkte gibt sich gerade Mühe, ein paar lästige Pfunde loszuwerden.
Außerdem gilt es, die stetig anwachsende Zahl an vegetarisch lebenden Menschen zu berücksichtigen. Ihnen wird man mit kleinen Köstlichkeiten aus Gemüse, fruchtigem Kompott oder eingelegtem Tofu eine Freude bereiten. Des Weiteren gilt es, im Voraus abzuklären, ob die oder der zu Beschenkende an einer Allergie oder Nahrungsmittelunverträglichkeit leidet. Es wäre doch schade, wenn die Florentiner mit Walnuss aufgrund einer Walnussallergie nicht genossen werden könnten.
Andersherum erweist es sich als sehr lohnenswert, besondere Vorlieben in das kulinarische Geschenk einzuarbeiten. Naschkatzen mit einer Passion für süße Früchte kann man mit Holunderküchlein, Quittengelee oder mit Johannisbeersirup glücklich machen. Schleckermäuler, deren Gaumen sich eher an Herzhaftem laben, lassen sich mit knusprigem Rosmarinbrot und mediterranem Ratatouille verwöhnen. Wer eher heimische Kost schätzt, dem wird man beim gut geplanten Schenken mit eingelegten Heringen und Gewürzgurken eine besondere Freude bereiten.

Um Pleiten und Pannen beim Schenken zu vermeiden, sollten also folgende Fragen im Voraus geklärt werden:

TIPP

Weil man nicht immer alles im Kopf behalten kann, lohnt es sich für die längerfristige Planung von kulinarischen Geschenken, entweder in einem kleinen Notizbuch, auf einer Karteikarte oder in einer Datei im Computer eine kleine Checkliste mit den Antworten auf folgende Kernfragen anzulegen:

- Wer mag was? Und was davon ganz besonders?
- Wer mag oder verträgt was auf keinen Fall?
- Wem hat man was und wann bereits geschenkt?
- Wie hat es ihm oder ihr gefallen?

- Gibt es besondere Vorlieben? Und wenn ja: Welche Zutaten kann man verwenden, um dem Beschenkten eine besondere Freude zu bereiten?
- Sind Allergien oder Unverträglichkeiten zu berücksichtigen?
- Sind besondere diätetische Einschränkungen zu beachten?
- Passt das Geschenk zum Lebensstil?
- Gegen welche Gewürze oder Zutaten bestehen Abneigungen? Gibt es Möglichkeiten, diese im Rezept zu ersetzen?

Cleveres Zeitmanagement

In der Küche kann sich blinder Aktionismus mitunter als wenig hilfreich erweisen. Mit der festen Absicht, ein wunderschönes Geschenk zu kreieren, ist es nämlich leider nicht getan. Spätestens beim Umsetzen des Vorhabens stellt sich dann oft heraus, dass die eine oder andere Zutat oder ein notwendiges Küchengerät fehlt. Besser ist es also, im Voraus zu planen. Der erste Schritt eines cleveren Zeitmanagements in der Geschenkeküche besteht darin, das ausgewählte Rezept in Ruhe von Anfang bis Ende durchzulesen, um festzustellen, welche Zutaten besorgt werden müssen und welches Arbeitsmaterial benötigt wird. Als Zweites gilt es zu überprüfen, ob genug Gläser, Flaschen oder andere geeignete Gefäße zum Befüllen vorhanden sind und ob das gewünschte Verpackungsmaterial im Haus ist.

Zu Arbeitsbeginn bewährt sich ein Tipp von Küchenprofis: Stellen Sie alle Zutaten auf einem Tablett zusammen und halten Sie die notwendigen Geräte wie Waage, Messbecher etc. auf der freigeräumten Arbeitsfläche bereit. Folgen Sie den Rezeptanweisungen Schritt für Schritt, um zum gewünschten Ergebnis zu kommen. Planen Sie für die Zubereitung wie auch für das anschließende Verpacken genügend Zeit ein. Lassen Sie sich nicht ablenken oder hetzen. Schließlich sollen die feinen Geschenke aus der Küche nicht nur den von Ihnen Beschenkten Freude machen, sondern auch Ihnen!

Bedenken Sie auch, dass manche der hausgemachten Köstlichkeiten eine gewisse Zeit benötigen, um „verschenkfertig“ zu sein. Heiß zubereitete Leckereien wie Konfitüren oder Gelees, Chutneys oder Relishes sollten abgekühlt sein, bevor man sich an das Verpacken und Verzieren macht. Bei süßen und herzhaften Kleinigkeiten aus dem Backofen empfiehlt es sich, das Gebäck nicht direkt vom Backblech in die gewählte Verpackung zu geben. Besser ist es, das Backwerk im erkalteten Zustand in Tüten oder Keksdosen zu schichten. Um zu verhindern, dass mit Schokolade umhülltes Konfekt am Verpackungsmaterial kleben bleibt oder unschöne Flecken verursacht, sollte man darauf achten, dass die Schokolade beim Verpacken komplett abgekühlt und „trocken“ ist. Einige Mitbringsel aus der Küche benötigen noch länger, um ihr volles Geschmackspotenzial zu entfalten: In Öl eingelegter Käse oder eingelegtes Gemüse sollten mehrere Tage, aromatisierte Öle ca. 3 Wochen, Kräuter- oder Fruchtessige 2–4 Wochen ziehen.

Das Richtige zur rechten Zeit schenken

Geschenke aus der eigenen Küche haben immer Saison. Dennoch empfiehlt es sich, beim Schenken nicht nur die zu beschenkende Person, sondern auch die Jahreszeit oder den jeweiligen Anlass zu berücksichtigen. Es wäre doch schade, wenn die mit viel Liebe zubereiteten Schokoladenkugeln in der Sommersonne dahinschmelzen oder der feine, nach Wintergewürzen duftende Zimtlikör für Monate unbeachtet im Schrank bleibt. Das Richtige zur rechten Zeit zu schenken – das macht die wahre Kunst des Schenkens aus.

Am einfachsten ist es natürlich, die Geschenke nach den verschiedenen Festen und jahreszeitlichen Gebräuchen auszurichten. Zu Weihnachten steht selbst gebackenes Gebäck wie z. B. Dominosteine oder

Nuss-Ingwer-Cantuccini auf der Geschenkhitliste ganz oben. Zu Ostern erfreut man sich traditionell am ersten frischen Grün, sodass Pesto mit frischen Kräutern oder hübsch dekorierte Ostermuffins eine gute Wahl sind. Im Sommer, wenn frisches Obst und Gemüse in Hülle und Fülle zur Verfügung stehen, ist es an der Zeit, Gelees, Konfitüren und Kompott zu kochen, Saft, Sirup und Likör anzusetzen und Gemüse einzulegen. Im Herbst, wenn die Tage kürzer werden, sind dagegen wieder herzhafte, reichhaltigere Zubereitungen beispielsweise aus Kürbis, Zwiebeln, Linsen und Fleisch gefragt.
Sich am saisonalen Angebot zu orientieren, das heißt, das zu verarbeiten, was gerade reif, erntefrisch auf dem Markt und qualitativ hochwertig ist – genau damit liegt man bei den feinen Geschenken aus der Küche immer richtig. Denn nur beste, frische und mit Sorgfalt ausgewählte Zutaten ergeben die leckersten Geschenke.

Zum Geburtstag wünscht man traditionell viel Glück. Richtig glücklich kann man Geburtstagskinder jeden Alters machen, wenn man nicht nur Blumen, sondern ein speziell an den Vorlieben der betreffenden Person ausgerichtetes Geschenk überreicht. Geschickt in den Lieblingsfarben verpackt und mit hübschen Accessoires verziert, die zum Lebensstil des Beschenkten passen, bleiben die Konfitüre aus den Lieblingsfrüchten, die Cookies mit den Lieblingsgewürzen oder der ganz persönliche Geburtstagsdrink unvergesslich und als unwiderstehlich in Erinnerung.

Über hübsch verpackte kulinarische Mitbringsel freut man sich natürlich nicht nur an Geburtstagen, sondern auch bei einer Einladung zum Kaffeekränzchen oder zum Essen. Hausgemachte Kekse in kunstvoll bemalten Schachteln oder kleine Kuchen im Glas bereichern auch optisch jede Kaffeetafel. Eingelegte Käse- oder Fischspezialitäten können als Vorspeisen das Menü des Gastgebers erweitern. Edle Tropfen mit oder ohne Alkohol, in hübsche kleine Flaschen oder in formschöne Karaffen abgefüllt, sagen „Dankeschön" für das Blumengießen während des Urlaubs oder für das Räumen des schneebedeckten Gehwegs. Attraktiv verpackte Pralinen oder Konfekt schmeicheln Gaumen und Augen, zusätzlich bitten sie um Verzeihung, wenn es bei der Feier am Wochenende etwas lauter und länger geworden ist. Feine kulinarische Mitbringsel aus der Küche eignen sich für mindestens tausendundeine Geschenkgelegenheit!

Die Grundausstattung für perfekte Geschenke

Damit die Zubereitung der feinen Geschenke leicht und pannenfrei von der Hand geht, sollte eine kleine Grundausstattung an Küchengeräten und Haushaltsutensilien vorhanden sein. Dazu gehören:

- Messbecher und Küchenwaage,
- leistungsstarker Pürierstab oder Küchenmaschine,
- Schüsseln und Töpfe in unterschiedlichen Größen,
- großer Topf zum Sterilisieren und Einmachen,
- hochwertiges Küchenmesser zum Zerkleinern von Gemüse, Kräutern, Obst und Fleisch,
- stabiles, großes Arbeitsbrett,
- Einfülltrichter, um Flaschen und schmale Gefäße sauber zu befüllen,
- Spritzbeutel für Gebäck und Konfekt,
- Durchschlag und feines Sieb,
- Kochlöffel, Schaumlöffel, Suppenkelle,
- saubere Geschirrtücher und saugfähiges Küchenpapier.

Besonders effektiv lassen sich Geschenke zubereiten, wenn nicht nur alle Zutaten für die Umsetzung des Rezeptes, sondern auch das passende attraktive Verpackungsmaterial bereits im Haus ist. Daher lohnt

TIPP

Für Freunde feiner Schokoladenzubereitungen und für alle, die mit Passion Schokoladenpralinen ausformen oder mit Hingabe schokoladenüberzogenes Gebäck zubereiten, lohnt sich zudem die Anschaffung

- eines zuverlässigen Küchenthermometers,
- einer Pralinengabel,
- verschiedener Pralinenförmchen.

es sich, einen kleinen Vorrat an geeigneten Schachteln, Tüten und Kartons, Flaschen und Karaffen, an Schraubgläsern mit Twist-off-Deckeln und Einmachgläsern sowie an Geschenkpapier, bunten Bändern und Schleifen, Stoffresten und anderen hübschen Accessoires anzulegen. Wenn zudem noch eine ganze Portion Liebe in jedes Geschenk eingearbeitet wird, ist schönes Schenken perfekt.

Sicher, sauber und schmackhaft

Die köstlichen Geschenke sollen sowohl beim Überreichen als auch beim späteren Verzehr Freude bereiten. Damit nichts bereits beim Transport zu Bruch geht, ist zunächst auf die Auswahl stabiler und fest verschließbarer Gefäße zu achten. Diese müssen vor dem Befüllen unbedingt gründlich gereinigt, teilweise keimfrei gemacht werden. Penible Sauberkeit und Hygiene bei der Zubereitung sind die beste Gewähr dafür, dass schädliche Keime, die das liebevoll Selbstgemachte vorzeitig zum Verderben bringen könnten, keine Chance haben.
Wenn beim Einfüllen und Einmachen ein paar einfache Regeln beachtet werden, wird später nichts die Freude oder den Geschmack trüben:

Auswahl der Gläser und Flaschen

Alle Gläser und Flaschen sowie deren Verschlüsse müssen unbeschädigt sein. Auch die Ränder der Gefäße müssen intakt sein und dürfen keine Absplitterungen aufweisen. Wenn heißes Kochgut eingefüllt werden soll, müssen die Gläser hitzebeständig sein. Besonders geeignet sind Schraubgläser mit Twist-off-Deckel und Einmachgläser. Auch Flaschen sollten sicher und fest durch einen Schraub- oder Bügelverschluss oder einen Korken zu verschließen sein.

Säubern von Gläsern und Flaschen

Alle Gefäße sowie die Verschlussdeckel müssen vor dem Befüllen gründlich mit heißem Wasser und etwas Spülmittel gereinigt werden. Im Anschluss daran die Gläser kurz mit klarem, heißem Wasser nachspülen und mit der Öffnung nach unten auf einem frischen Geschirrtuch abtropfen lassen. Dieses Verfahren reicht in der Regel aus, wenn kochend heißes Eingemachtes wie z. B. Gelee, Konfitüren oder Kompott in Gläser gefüllt wird.
Wird das Eingemachte nicht bei Kochtemperatur in Gläser gefüllt, müssen die Gläser durch Sterilisieren keimfrei gemacht werden. Dazu Gläser und Deckel in einen großen Topf mit Wasser geben, das mit einem Schuss Essig versehen wurde. Das Wasser zum Kochen bringen und die Gläser darin 5–10 Minuten kochen. Gläser und Deckel bis zum Befüllen im Wasser lassen.
Die zweite Möglichkeit, alle Keime durch Hitze abzutöten, besteht darin, Gläser und Deckel bei 150 Grad für 20 Minuten in den Backofen zu geben. Beim Herausnehmen der Gläser auf jeden Fall eine Küchenzange verwenden, um schmerzhafte Verbrennungen zu vermeiden.

Befüllen von Gläsern und Flaschen

Auch hier ist Sauberkeit das A und O. Ein Einfülltrichter verhindert, dass das Kochgut den Rand und die äußeren Gefäßwände verschmutzt. Falls doch einmal etwas danebengelaufen sein sollte, ist dieses sofort mit Küchenpapier abzuwischen. Den Rand vor dem Aufsetzen des Deckels ebenfalls kurz säubern, danach fest mit dem Deckel verschließen. Gläser und Flaschen sollten nicht randvoll, sondern bis höchstens 1 cm unter den Rand befüllt werden. Pesto oder in Öl Eingelegtes müssen für eine lange Haltbarkeit immer mit Öl bedeckt sein. Auch in Kräuter- oder Essigsud Eingelegtes sollte immer mit einer Schicht Sud abschließen.

Beschriften von Gläsern und Flaschen

Ist das Rote im Glas Erdbeermarmelade oder Kirschkonfitüre? Was steckt genau im Gewürzessig? Wie lange stehen die eingekochten Pfirsiche schon im Schrank? Damit solche Fragen nicht im Nachhinein auftauchen, empfiehlt es sich, Gläser und Flaschen sofort nach dem Befüllen mit dem Inhalt und dem Herstellungsdatum zu beschriften. Ein hübsch gestaltetes Etikett, das entweder direkt auf dem Glas oder Deckel klebt oder an einem hübschen Bändchen befestigt wird, ist ein schmuckvolles wie wertvolles Detail des Geschenks.

Die Lagerung

Selbst Eingemachtes sollte auch nach dem Schenken an einem trocknen, kühlen und nicht zu hellen Ort aufbewahrt werden. Das gilt auch für Pralinen, Kekse & Co. Sie sollten natürlich auch luftdicht verpackt sein.
Nach dem Öffnen sollten einmal geöffnete Gläser im Kühlschrank aufbewahrt und möglichst rasch verbraucht werden. In Öl und Essig Eingelegtes hält sich relativ lange, sofern es immer mit einer Schicht Öl oder Essig bedeckt bleibt.
Damit Feines aus der Küche möglichst lange schmackhaft und genießbar bleibt, sollten die einzelnen Portionen immer nur mit einem sauberen Löffel entnommen werden.
Sollte sich trotz aller Vorsicht doch einmal Schimmel auf der Oberfläche des Eingemachten bilden, etwas verdorben riechen oder eine unschöne Verfärbung aufweisen, dann heißt es: Vorsicht ist besser als Nachsicht! In diesem Fall muss das Verdorbene umgehend entsorgt werden.

Der richtige Schmuck

Gelungene Geschenke aus der Küche sollen nicht nur dem Gaumen, sondern natürlich auch den Augen schmeicheln. Deshalb sind neben Kreativität am Herd Fantasie und Ideenreichtum bei der Verpackung gefragt. Erst die passende hübsche Umhüllung rückt das Geschenk ins rechte Licht! Aber wie verpackt man was und welche Materialien lassen sich dazu am besten verwenden?
Kekse, Cookies oder herzhaftes Kleingebäck kann man nach dem Abkühlen entweder in kleine, selbst gebastelte Tüten stecken, die farblich mit dem Inhalt harmonieren. Eine schöne Schleife oder eine bunte Holzwäscheklammer verhindern, dass die Kekse aus der Tüte rutschen. Etwas bruchsicherer sind Kekse und Cookies, aber auch Konfekt und herzhafte Knabbereien in stabilen Keksdosen verpackt. Diese können aus Metall, Pappe oder Holz sein und nach Lust und Laune bemalt, mit Motiven der Saison oder mit Serviettentechnik beklebt, mit hübschen Kleinigkeiten wie Knöpfen, Muscheln, Perlen, getrockneten Blüten oder Blumen verziert sein. Eine mit raffinierten Verzierungen aufgepeppte Konservendose mit einem selbst gebastelten Deckel erfüllt den gleichen Zweck.
Damit liebevoll geformte Pralinen und rundes Konfekt beim Transport und Überreichen nicht umherkullern und beschädigt werden, setzt man sie am besten in kleine Papierförmchen. Diese kann man dann nebeneinander in schön gestaltete Schachteln oder hübsche Metallboxen geben. Oder man füllt die Pralinen samt Förmchen vorsichtig in kleine Zellophantütchen, die man mit einer kleinen bunten Schleife verschließt.

Gelees und Konfitüren, Kräutersalz und Gewürzmischungen sowie Eingemachtes in Gläsern erhalten

durch bunte Bänder oder kunstvoll geflochtene Schnüre, Schleifen aus kunterbunten Stoffresten sowie ein Häubchen aus Papier oder Stoff den perfekten optischen Schliff. Auch ein am Glas festgebundenes Kräutersträußchen, eine aufgeklebte Zimtstange oder ein paar befestigte Sternanise sind hübsche und dazu noch preisgünstige Hingucker. Besonders appetitlich wirkt z. B. eingelegtes Gemüse oder eingelegter Käse und Fisch, wenn man das Besteck zum Probieren gleich mitliefert. Kleine unbehandelte Holzlöffel können zudem mit den Angaben zum Inhalt beschriftet werden und so als Etikett dienen.
Feine Tropfen wie Liköre und Sirup oder Kräuteressige und aromatisierte Öle sind in schlanken Flaschen oder bauchigen Karaffen schön aufgehoben. Sie lassen sich wie die Gläser auf vielfältige Weise, je nach Saison oder persönlichem Geschmack des Beschenkten verzieren.

Das passende Material dazu kann, muss man aber nicht zwingend kaufen. Wer Schleifen, Bänder und Schnüre von eigenen Geschenken glättet und aufbewahrt, hat immer einen kleinen Vorrat im Haus. Pappschachteln, Holzschalen und -körbchen gibt es im Supermarkt oder auf dem Wochenmarkt mit dem erworbenen Obst oder Gemüse oft gratis dazu. Selbst Joghurtbechern und Konservendosen kann man mit ein bisschen Farbe und Geschick ein neues, edleres „Outfit“ verleihen. Flohmärkte sind wahre Fundgruben für günstiges Verpackungs- und Verschönerungsmaterial. Auch in Geschäften mit preiswerten Haushaltswaren wird man für wenig Geld fündig.
Falls es beim Schenken dagegen gern etwas mehr sein darf, lassen sich die feinen Präsente aus der Küche durch entsprechende Zugaben zusätzlich aufwerten. Konfekt und Pralinen kommen in hübschen Tassen oder auf farblich abgestimmtem Porzellan besonders gut zur Geltung.
Edle Tropfen werden durch die Beigabe von wertvollen Gläsern richtig kostbar. Viele der feinen Geschenke aus der Küche lassen sich zudem wunderbar kombinieren, sodass man mit mehreren kleinen, hausgemachten Präsenten attraktive Geschenkkörbe gestalten kann. Erlaubt ist, was kulinarisch und optisch gefällt.

TIPP

Wenn sowohl die Zeit als auch die vorhandenen Zutaten knapp bemessen sind, kann aus getrockneten Kräutern in Kombination mit etwas Salz im Nu ein leckeres Gewürzsalz entstehen. In einem hübsch verzierten Glas und mit einer persönlichen Widmung versehen, sorgt selbst dieses Last-Minute-Geschenk für Freude und guten Geschmack.

Ein Geschenk in letzter Minute

Die Situation kennt wohl jeder: Eine plötzliche Einladung flattert ins Haus und alle Geschäfte haben bereits geschlossen. Bleibt als letzte Rettung nur noch die Tankstelle? Mitnichten! Auch in dieser Situation erweist sich die eigene Küche als genau der richtige Ort, um auf die Schnelle ein passendes Geschenk zu kreieren.
Wer gern Konfitüren oder Eingemachtes zubereitet, hat vielleicht noch das eine oder andere Glas an Köstlichkeiten auf Vorrat, das mit einer hübschen Verpackung in Windeseile zu einem ansprechenden Geschenk wird. Wem noch 1, 2 Stunden bis zur Einladung bleiben, kann aus tiefgekühlten Beeren schnell einen Fruchtaufstrich oder ein Kompott kochen.
Auch aus Käse oder Fisch, Öl und ein paar Kräutern lassen sich ohne viel Zeitaufwand leckere Mitbringsel schaffen. Kräuteröle und -essige sind ebenfalls schnell zusammengestellt und in eine passende Flasche gefüllt.

PRALINEN & MEHR

Schokoladenkugeln *(Abb. S. 11)*

Für ca. 40 Stück:
200 g Zartbitterkuvertüre
125 g Margarine (z. B. von Rama), 2 Eier
75 g brauner Zucker
1 Prise Salz
375 g Dinkelmehl (Type 630)
1 TL Backpulver
Zum Garnieren:
100 g Zartbitterkuvertüre
50 g weiße Kuvertüre

Zubereitungszeit:
30 Min.
Backzeit:
15 Min.

Nährwerte pro Stück:
103 kcal, 431 kJ,
2 g EW, 4 g F, 14 g KH

1 Backofen auf 175 Grad vorheizen. Kuvertüre im heißen Wasserbad schmelzen. Margarine, Eier, Zucker und Salz in eine Rührschüssel geben und mit den Quirlen des Handrührgerätes glatt rühren.

2 Kuvertüre zum Teig geben und unterrühren. Mehl und Backpulver mischen, über den Teig sieben und unterheben.

3 Ein Backblech mit Backpapier auslegen. Aus dem Teig ca. 2,5 cm große Kugeln formen. Die Kugeln auf das Blech legen, dabei eine Seite flach drücken. In den heißen Ofen schieben und auf der mittleren Schiene ca. 15 Minuten backen.

4 Nach Ende der Backzeit die Schokokugeln aus dem Backofen nehmen und auskühlen lassen. Zum Garnieren Zartbitter- und weiße Kuvertüre getrennt voneinander im heißen Wasserbad schmelzen.

5 Ausgekühlte Kugeln ca. zu einem Drittel in die dunkle Kuvertüre tauchen. Leicht antrocknen lassen und mit der weißen Kuvertüre verzieren.

TIPP

Verpacken Sie diese köstlichen Schokoladenkugeln in einer kleinen Box, die Sie mit einem hübschen Geschenkband dekorieren.

Pistazien-Fondant *(Abb. Cover)*

Für ca. 20 Stück:
40 g ungesalzene grüne Pistazien
250 g Puderzucker
30 g Kakaopulver
120 g Butter
75 ml Milch
1 Vanilleschote
Für den Guss:
½ Zitrone
50 g Puderzucker

Zubereitungszeit:
40 Min.
Garzeit:
20 Min.

Nährwerte pro Stück:
125 kcal, 523 kJ,
1 g EW, 7 g F, 16 g KH

1 Pistazien hacken. Puderzucker und Kakaopulver in einen Topf sieben. 100 g Butter und Milch dazugeben. Das Ganze unter Rühren aufkochen. Bei mittlerer Hitze ca. 20 Minuten köcheln lassen; gelegentlich umrühren.

2 Vanilleschote mit einem spitzen Messer aufschneiden und das Mark herauskratzen. Nach Ende der Garzeit die Pistazien zusammen mit dem Vanillemark unter die Karamellmasse rühren.

3 Eine Kastenform mit 20 cm Länge mit der übrigen Butter ausstreichen. Die Karamellmasse hineingeben, glatt streichen und in der Form vollständig auskühlen und fest werden lassen.

4 Die Zitronenhälfte auspressen. Ca. 2 TL Saft mit dem Puderzucker zu einem dicklichen, glatten weißen Guss verrühren.

5 Karamellmasse aus der Form stürzen. Den Guss in eine kleine Spritztüte füllen und den Karamell mit feinen Gusslinien verzieren. Trocknen lassen und dann in ca. 2 cm große Quadrate schneiden. In einem luftdichten Behälter an einem kühlen Ort aufbewahren.

Türkischer Honig mit Rosenwasser

Für ca. 12 Stücke:
125 g geschälte Mandeln
100 g ungesalzene grüne Pistazien
150 g Puderzucker
125 g heller Honig
30 g Zucker
2 Eiweiß
2 TL Rosenwasser
Puderzucker zum Bestäuben

Zubereitungszeit:
50 Min.

Nährwerte pro Stück:
203 kcal, 849 kJ,
4 g EW, 10 g F, 24 g KH

1 Den Ofen auf 80 Grad vorheizen. Die Mandeln mit den Pistazien in eine Schüssel geben und im Ofen erwärmen.

2 Puderzucker, Honig, Zucker, Eiweiß und Rosenwasser in einen Topf geben und zum Kochen bringen. Unter ständigem Rühren 20–30 Minuten kochen lassen.

3 Während der Garzeit mit einem feuchten Pinsel den Innenrand des Topfes von Zuckerspritzern reinigen, damit der Zucker nicht bräunt und die Masse verfärbt. Die Masse ist fertig, sobald ein Probekügelchen in kaltem Wasser zwar fest, aber nicht hart wird.

4 Eine beschichtete längliche Kuchenform mit Puderzucker bestäuben. Nüsse und Pistazien unter die Zuckermasse rühren und das Ganze in die Kuchenform geben.

5 Türkischen Honig vollständig auskühlen lassen. Dann in Streifen schneiden und verpacken.

TIPP
Bei diesem edlen Geschenk bietet es sich förmlich an, es mit selbst hergestellten Marzipanrosen zu verzieren.

Königs Kaffeetraum

Für ca. 50 Stück:
150 g Sahne
75 ml Espresso
25 g feinster Zucker (z. B. von SweetFamily)
150 g Bitterkuvertüre, fein gehackt
100 g Vollmilchkuvertüre, fein gehackt
50 g Butter
25 ml Absinthlikör (alternativ Baileys oder Orangenlikör)
200 g Marzipan
250 g weiße Schokolade
Für den Kaffeezucker:
100 g feinster Zucker
20 g Kaffeepulver

Zubereitungszeit:
35 Min.
Kühlzeit:
12 Std.

Nährwerte pro Stück:
82 kcal, 343 kJ,
1 g EW, 4 g F, 10 g KH

1 Sahne mit Espresso aufkochen, Zucker und die Kuvertüre zugeben. Rühren, bis eine glatte Masse entsteht.

2 Butter und Absinth zugeben. Trüffelmasse in eine Form gießen und zur leichteren Verarbeitung ca. 12 Stunden im Kühlschrank ruhen lassen.

3 Danach daraus kleine Würfel ausschneiden und in der flachen Hand zu Kugeln formen. Marzipan dünn ausrollen, rund ausstechen und Trüffelkugeln darin verpacken.

4 Weiße Schokolade im Wasserbad schmelzen. Hände mit Schokolade bestreichen und Kugeln darin rollen.

5 Zucker und Kaffeepulver mischen und Kugeln zuletzt im Kaffeezucker wälzen. Anschließend in Pralinenförmchen aus Papier setzen.

VARIANTE

Falls Sie sich für die Variante mit Orangenlikör entscheiden, bietet es sich an, den Kaffeezucker durch Orangenzucker zu ersetzen. Reiben Sie die Schale 1 unbehandelten Zitrone ab und mischen Sie den Abrieb mit der gleichen Menge Zucker.

Schokoladentrüffel mit Zimt

Für ca. 30 Stück:
40 g Zucker
150 g Sahne
1 Msp. Zimt
320 g Zartbitterkuvertüre
40 g weiche Butter
Kakaopulver

Zubereitungszeit:
40 Min.
Kühlzeit:
2 Std.

Nährwerte pro Stück:
83 kcal, 347 kJ,
1 g EW, 6 g F, 6 g KH

1 Aus Zucker und 40 ml Wasser Läuterzucker kochen. Dafür Zucker mit Wasser unter Rühren aufkochen. Den dabei entstehenden Schaum abschöpfen, damit eine klare Zuckerlösung entsteht.

2 Sahne mit Läuterzucker und Zimt in einen weiteren Topf geben. Unter Rühren aufkochen und dann das Ganze wieder vom Herd ziehen.

3 Zartbitterkuvertüre hacken und in eine Rührschüssel geben. Die heiße Zucker-Sahne-Mischung auf die Kuvertüre gießen und das Ganze glatt rühren. Dann abkühlen lassen, bis die Masse nur noch lauwarm ist.

4 Die weiche Butter in die Schokoladenmasse einrühren. Glatt rühren und dann 2 Stunden kaltstellen.

5 Nach Ende der Kühlzeit runde Trüffel abdrehen. Kakaopulver auf einen Teller sieben und die Schokoladentrüffel darin wälzen.

TIPP

Geben Sie die Schokoladentrüffel am besten in kleine bunte Pralinenförmchen und setzen Sie sie dann in eine schöne Pralinenschachtel oder -dose.

Kokoskugeln

Für ca. 50 Stück:
175 g Puderzucker
125 g Margarine (z. B. von Rama)
2 TL Kakaopulver
100 g Kokosraspel
2 EL Kokoslikör
1 Päckchen Vanillezucker
50 Pralinenförmchen aus Papier (ca. 26 mm Durchmesser)
Kakaopulver und Kokosraspel zum Garnieren

Zubereitungszeit:
30 Min.
Kühlzeit:
4 Std.

Nährwerte pro Stück:
63 kcal, 264 kJ,
0 g EW, 5 g F, 5 g KH

1 Puderzucker in eine Rührschüssel sieben. Margarine zugeben und das Ganze mit den Quirlen des Handrührgerätes sehr cremig rühren.

2 Kakaopulver auf die Creme sieben. Kokosraspel, Kokoslikör und Vanillezucker dazugeben und das Ganze gut verrühren. Die Kokosmasse abdecken und ca. 3 Stunden im Kühlschrank kalt stellen.

3 Aus der Kokosmasse mit einem Teelöffel ca. 50 kleine Kugeln formen. Mit Kakao bestäuben oder in Kokosraspeln wälzen. Kokoskugeln in kleine Papierförmchen setzen und nochmals ca. 1 Stunde kalt stellen.

TIPP

Zum Verschenken setzen Sie die Kugeln z. B. in flache Pappschachteln, sodass Sie die Pralinen nicht stapeln müssen. So leiden die kleinen Köstlichkeiten beim Transport nicht.

Schoko-Biscotti-Pralinen *(Abb. helle Pralinen)*

Für ca. 30 Stück:
150 g Biscotti (z. B. von Alnatura)
150 g Schoko-Nuss-Creme
3 TL Aprikosenkonfitüre
150 g weiße Schokolade

Zubereitungszeit:
30 Min.
Kühlzeit:
2 Std.

Nährwerte pro Stück:
79 kcal, 331 kJ,
1 g EW, 4 g F, 9 g KH

1 Biscotti grob mahlen. In eine Rührschüssel geben und gründlich mit Schoko-Nuss-Creme und Aprikosenkonfitüre verkneten. Zu 30 kleinen Kugeln formen und diese 1 Stunde im Kühlschrank kalt stellen.

2 Die weiße Schokolade in einem Wasserbad unter Rühren schmelzen. Schoko-Biscotti-Kugeln damit überziehen. Pralinen nochmals für ca. 1 Stunde kalt stellen und gekühlt genießen.

TIPP
Garnieren Sie die Pralinen zusätzlich mit dunkler Schokoladenkonfitüre. Diese schmelzen und in dünnen Streifen über die Pralinen ziehen.

Polenta-Pistazien-Kugeln *(Abb. dunkle Pralinen)*

Für ca. 20 Stück:
250 ml Milch
50 g Marzipan
50 g Polenta
1 Päckchen Bourbon-Vanillezucker
1 EL Rohrohrzucker
30 g ungesalzene Pistazienkerne, gehackt
1 Tropfen Orangenöl
100 g Bitter-Orangen-Schokolade

Zubereitungszeit:
45 Min.

Nährwerte pro Stück:
57 kcal, 238 kJ,
1 g EW, 3 g F, 6 g KH

1 Milch erhitzen. Marzipan in kleine Stücke schneiden, in die warme Milch geben und unter ständigem Rühren auflösen.

2 Polenta mit Vanillezucker und Rohrohrzucker in die Marzipanmilch geben. Ca. 10 Minuten unter ständigem Rühren bei sehr milder Hitze quellen lassen. Vom Herd ziehen. 15 g gehackte Pistazien und Orangenöl einrühren. Aus der Masse ca. 20 Kugeln formen.

3 Bitter-Orangen-Schokolade im Wasserbad schmelzen. Kugeln mithilfe einer Pralinengabel überziehen und auf ein mit Backpapier ausgelegtes Blech geben.

4 Zum Garnieren die übrigen gehackten Pistazien über die Pralinen streuen. Bis zum Verpacken kühl lagern.

Hafer-Schoko-Crossies

Für ca. 40 Stück:
125 g Kokosfett (z. B. von Palmin)
75 g Vollmilchkuvertüre
25 g Kakaopulver
75 ml Vollmilch
125 g Puderzucker
100 g gehobelte Mandeln
100 g Vollkornhaferflakes

Zubereitungszeit:
30 Min.
Kühlzeit:
1 Std.

Nährwerte pro Stück:
73 kcal, 305 kJ,
1 g EW, 5 g F, 6 g KH

1 Kokosfett in einen Topf geben. Vollmilchkuvertüre, Kakaopulver, Milch und Puderzucker zugeben. Das Ganze erhitzen und unter ständigem Rühren schmelzen lassen.

2 Gehobelte Mandeln in einer beschichteten Pfanne ohne die Zugabe von Fett anrösten; dabei häufig durchschwenken, damit die Mandeln nicht schwarz werden. Mit den Vollkornhaferflakes unter die Schokoladenmasse mengen.

3 Mit 2 Teelöffeln kleine Häufchen von der Masse abnehmen. Auf Backpapier oder in Pralinenförmchen setzen. Hafer-Schoko-Crossies in den Kühlschrank stellen und in mindestens 1 Stunde fest werden lassen.

TIPP

Zum Verpacken der Hafer-Schoko-Crossies eignen sich beispielsweise Boxen aus Papier. Soll das Konfekt gestapelt werden, die einzelnen Schichten durch weißes Pergamentpapier trennen. Und zum Schluss die Box mit einer hübschen, farblich passenden Schleife verschließen.

Käsekuchenpralinen

Für ca. 100 Pralinen:
1 Vanilleschote
1 Orange (unbehandelt)
250 g getrocknete Cranberrys
125 g Margarine mit Joghurt (z. B. von Lätta)
220 g Zucker
1 Prise Salz
4 Eier
1 kg Magerquark
1 Päckchen Vanillepuddingpulver
2 TL Backpulver
5 EL Weizengrieß

Zubereitungszeit:
30 Min.
Backzeit:
50 Min.

Nährwerte pro Stück:
35 kcal, 149 kJ,
2 g EW, 1 g F, 5 g KH

1 Backofen auf 180 Grad vorheizen. Vanilleschote halbieren und das Mark herauskratzen. Die Orange heiß waschen, abtrocknen und die Schale fein abreiben. Orange auspressen, Saft erwärmen und Cranberrys darin einweichen.

2 Margarine, Zucker, Vanillemark, Orangenschale und Salz schaumig schlagen. Nach und nach die Eier unterrühren.

3 Anschließend Quark und daraufhin Puddingpulver, Backpulver und Grieß zugeben. Zum Schluss Cranberrys unterheben.

4 Teig auf ein mit Backpapier ausgelegtes Backblech geben und im heißen Backofen ca. 50 Minuten backen. Nach der Hälfte der Backzeit die Temperatur auf 150 Grad reduzieren.

5 Nach Ende der Backzeit den Kuchen im ausgeschalteten Ofen auskühlen lassen. Dann herausnehmen und kleine Quadrate schneiden. Diese in Pralinenkapseln setzen.

TIPP

Mit Zitronenzesten garniert sind die Käsekuchenpralinen besonders dekorativ. Und wenn Sie keine Cranberrys zur Hand haben, können auch Rosinen verwendet werden.

Mokka-Sahne-Trüffel

Für ca. 56 Stück:
100 g Sahne
30 g Butterschmalz
200 g Bitterkuvertüre
2 EL Mokkalikör
5 g Pulverkaffee
sternförmige Pralinenhüllen aus Schokolade
kandierte Früchte oder weiße Schokolade

Zubereitungszeit:
35 Min.

Nährwerte pro Stück:
43 kcal, 178 kJ,
1 g EW, 2 g F, 5 g KH

1 Sahne und Butterschmalz erhitzen. Bitterkuvertüre in kleinen Stückchen in die heiße Sahne einrühren. Zum Schluss den in Mokkalikör gelösten Pulverkaffee zugeben. Die Masse kühl stellen.

2 Anschließend in die sternförmigen Pralinenhüllen abfüllen, Mokka-Sahne-Trüffel erkalten lassen und nach Belieben mit kandierten Früchten oder gehobelter weißer Schokolade garnieren.

Pflaumen-Kokos-Konfekt

Für ca. 30 Stück:
150 g getrocknete Pflaumen
1 Orange (unbehandelt)
1 Limette
2 EL Rohrohrzucker
150 g Kokosflocken

Zubereitungszeit:
30 Min.
Ziehzeit:
30 Min.

Nährwerte pro Stück:
48 kcal, 201 kJ,
1 g EW, 3 g F, 5 g KH

1 Pflaumen mit einem schweren Messer fein würfeln. Orange waschen und abtrocknen, anschließend die Schale abreiben. Orange und Limette auspressen.

2 Orangen- und Limettensaft sowie die Orangenschale mit Zucker unter Rühren erhitzen, sodass sich der Zucker vollständig auflöst. Die Pflaumen damit übergießen.

3 Das Ganze 30 Minuten ziehen lassen. Dann mit dem Pürierstab grob zerkleinern. 100 g Kokosflocken zu der Masse geben. Aus der Pflaumen-Kokos-Masse kleine Kugeln formen und in den restlichen Kokosflocken wälzen.

VARIANTE
Wer mag, gibt noch 1 TL Orangenlikör zur Zuckerlösung.

Kirschen in weißem Schoko-Kokos-Mantel

Für ca. 50 Stück:
500 g Herzkirschen mit Stiel
250 ml Cognac
600 g weiße Kuvertüre
100 g Kokosflocken

Zubereitungszeit:
30 Min.
Kühlzeit:
2 Wochen

Nährwerte pro Stück:
95 kcal, 397 kJ,
1 g EW, 5 g F, 9 g KH

1 Kirschen vorsichtig waschen, die Stiele dabei nicht entfernen. Anschließend abtropfen lassen, in eine Schale geben, mit dem Cognac übergießen und zugedeckt für 2 Wochen in den Kühlschrank stellen. Die Kirschen müssen immer mit Cognac bedeckt sein; gegebenenfalls nachgießen.

2 Danach die Kirschen abtropfen lassen und trocken tupfen. Die Kuvertüre unter Rühren im heißen Wasserbad schmelzen. Die Kirschen am Stiel fassen und in die Kuvertüre tauchen. Auf Backpapier kurz anziehen lassen, mit Kokosflocken bestreuen und trocknen lassen.

Erdnusskrokant

Für ca. 635 g:
Öl für das Backblech
150 g ungesalzene Erdnüsse
150 g ungesalzene grüne Pistazien
125 ml Ahornsirup
200 g Zucker
1 Prise Salz
1 TL Butter
1 TL Natron

Zubereitungszeit:
20 Min.

Nährwerte pro 100 g:
508 kcal, 2125 kJ,
11 g EW, 27 g F, 55 g KH

1 Ein Backblech mit Öl bestreichen. Erdnüsse und Pistazien in eine mikrowellenfeste Schüssel geben. Sirup, Zucker und Salz dazugeben und alles gründlich vermischen.

2 Das Ganze in die Mikrowelle stellen und 6 Minuten auf hoher Stufe kochen lassen. Zwischendurch umrühren.

3 Butter zum Sirup geben und das Ganze gründlich verrühren. Weitere 2 Minuten in der Mikrowelle kochen.

4 Das Natron unterrühren. Dann die Masse auf das geölte Blech streichen und auskühlen lassen. Wenn die Masse fest ist, in Stücke brechen.

TIPP

Lassen Sie die Masse lange genug auskühlen, damit Sie sie dann auch brechen können. Passen Sie besonders gut auf, wenn Sie die Schüssel aus der Mikrowelle nehmen, denn der Sirup ist sehr heiß!

Orangen-Schoko-Konfekt

Für ca. 20 Stück:
100 g Sahne
1 EL Butter
1 EL Puderzucker
100 g Bitter-Orangen-Schokolade (z. B. von Alnatura)
ganze Haselnüsse

Zubereitungszeit:
20 Min.

Nährwerte pro Stück:
62 kcal, 259 kJ, 1 g EW, 5 g F, 4 g KH

1 Sahne, Butter und Puderzucker in einen kleinen Topf geben. Unter Rühren langsam erhitzen und kurz aufkochen lassen.

2 Schokolade in Stücke brechen. In die gezuckerte Sahne-Butter-Mischung geben und bei schwacher Hitze unter ständigem Rühren langsam schmelzen lassen.

3 Ca. 20 Pralinenförmchen auf einem Backblech oder Kuchengitter verteilen und die heiße Schokoladenmasse mithilfe eines Spritzbeutels in die Förmchen füllen. Je 1 Haselnuss in jede Praline drücken. In den Kühlschrank stellen und dort vollständig fest werden lassen.

4 Die Pralinen müssen kühl gelagert werden und sollten innerhalb von 7 bis 10 Tagen verzehrt werden.

TIPP
Für dieses Konfekt eignen sich am besten Pralinenförmchen aus Alu.

Choco-Cherry-Kugeln

Für ca. 65 Stück:
500 g Mehl
1 TL Backpulver
250 g Margarine (z. B. von Sanella)
150 g Zucker
2 Eier
200 g weiße Schokolade
150 g getrocknete Sauerkirschen
75 g weiße Kuvertüre

Zubereitungszeit:
1 Std.
Kühlzeit:
2 Std.
Backzeit:
18 Min.

Nährwerte pro Stück:
86 kcal, 360 kJ, 1 g EW, 4 g F, 11 g KH

1 Mehl und Backpulver mischen und sieben. Margarine, Zucker und Eier in eine Rührschüssel geben. Die Mehlmischung hinzufügen und alles zu einem glatten Teig verkneten.

2 Den Teig zu ca. 3 cm dicken Rollen formen. In Folie wickeln und ca. 2 Stunden im Kühlschrank kalt stellen.

3 Den Backofen auf 175 Grad vorheizen. Weiße Schokolade fein hacken und mit Sauerkirschen vermischen. Die Teigrollen in 1 cm breite Scheiben schneiden. Je 1 TL Schokoladen-Kirsch-Mischung auf jede Teigscheibe legen und in den Teig einrollen.

4 Ein Backblech mit Backpapier belegen. Die Kugeln auf das Blech legen. In den heißen Backofen schieben und ca. 18 Minuten backen. Anschließend herausnehmen und auskühlen lassen.

5 Weiße Kuvertüre im Wasserbad schmelzen. Die Choco-Cherry-Kugeln damit verzieren. Kuvertüre trocknen lassen und anschließend in Blechdosen verpacken.

TIPP

Legen Sie zwischen die einzelnen Kugelschichten Back- oder Pergamentpapier.

Mandel-Orangen-Trüffel

Für ca. 45 Stück:
100 g gehackte Mandeln
250 g Zartbitter-Orangen-Schokolade (z. B. von Alnatura)
125 g Süßrahmbutter
25 g Puderzucker
3 EL Orangenlikör
100 g Zartbitterschokolade
100 g Vollmilchschokolade
20 g Kokosfett oder Butterschmalz

Zubereitungszeit:
50 Min.

Nährwerte pro Stück:
89 kcal, 372 kJ,
1 g EW, 7 g F, 6 g KH

1 Gehackte Mandeln ohne Fettzugabe in eine Pfanne geben, erhitzen und unter häufigem Schwenken etwas rösten. Anschließend sofort aus der Pfanne nehmen und abkühlen lassen.

2 Zartbitter-Orangen-Schokolade über einem Wasserbad unter Rühren schmelzen. Dann einige Minuten abkühlen lassen, sodass die Schokolade gerade noch flüssig ist.

3 Zimmerwarme, weiche Butter in eine Rührschüssel geben. Puderzucker durch ein Haarsieb darüberstäuben und das Ganze cremig aufschlagen. Orangenlikör und die geschmolzene Zartbitter-Orangen-Schokolade unterrühren.

4 Die Masse in einen Spritzbeutel oder eine Kuchenspritze mit Lochtülle geben. Backpapier ausbreiten. Ca. 45 nussgroße Häufchen daraufspritzen. Die Trüffel fest werden lassen und dann in den gerösteten Mandeln wälzen.

5 Zartbitter- und Vollmilchschokolade sowie das Kokosfett in eine Rührschüssel aus Metall geben. Über einem heißen Wasserbad schmelzen und gut verrühren. Mandel-Orangen-Trüffel etwa zur Hälfte hineintauchen und auf Backpapier trocknen lassen.

TIPP

Die Trüffel müssen kühl aufbewahrt werden. Sie sind dann ca. 4 Wochen haltbar.

Schoko-Krokant-Stangen

Für ca. 25 Stück:
150 g Marzipan
75 g Puderzucker
Bittermandelaroma
100 g Schoko-Krokant-Müsli (z. B. von Kölln)
2 EL Kakaopulver

Zubereitungszeit:
20 Min.

Nährwerte pro Stück:
62 kcal, 259 kJ,
1 g EW, 2 g F, 10 g KH

1 Marzipan hacken und in eine Schüssel geben. Puderzucker sieben und dazugeben. Mit Bittermandelaroma gründlich verkneten. Schoko-Krokant-Müsli zufügen und unterkneten.

2 Mit gekühlten Händen aus der Marzipanmasse ca. 25 nicht zu dünne Röllchen formen. Diese etwas flach drücken. Kakaopulver sieben und die Stangen darin wälzen.

3 Die Schoko-Krokant-Stangen in ein fest verschließbares Gefäß geben. Dunkel und bei kühlen Temperaturen aufbewahren.

TIPP

Zum Verschenken können Sie die Schoko-Krokant-Stangen in Twist-off-Gläser geben. Überziehen Sie die Deckel mit einem hübschen Stoff und befestigen Sie das Ganze mit einem passenden farbigen Band. So wird dieses feine Konfekt zu einem richtigen Hingucker!

Kirsch-Rum-Kugeln

Für ca. 20 Stück:
125 g Butter
6 EL Sauerkirschen (Glas)
2 Eier
200 g Zucker
2 Päckchen Vanillezucker
70 g Kakao
500 g blütenzarte Haferflocken
3 EL Kirschsaft
3 EL süße Sahne
2 Fläschchen Rumaroma
200 g Zartbitterschokolade

Zubereitungszeit:
30 Min.

Nährwerte pro Stück:
226 kcal, 946 kJ,
5 g EW, 10 g F, 29 g KH

1 Butter in einen Topf geben und bei geringer Hitze schmelzen lassen. Anschließend vom Herd ziehen und etwas abkühlen lassen. Sauerkirschen aus dem Glas nehmen, abtropfen lassen und klein schneiden.

2 Eier mit Zucker in einer großen Rührschüssel schaumig schlagen. Sauerkirschen, Vanillezucker, Kakao, Haferflocken, Kirschsaft, Sahne, flüssige Butter sowie Rumaroma hinzufügen und das Ganze gut verrühren.

3 Die Hände mit Wasser anfeuchten und aus der Masse ca. 20 Kugeln formen. Schokolade fein raspeln und die Kugeln darin wälzen. Kirsch-Rum-Kugeln trocknen lassen.

4 Eine Dose mit Pergamentpapier auslegen. Die Kugeln einschichten und bis zum Verschenken im Kühlschrank aufbewahren.

TIPP
Zum Verschenken die Kugeln in kleine Geschenkdöschen schichten. Dazwischen immer Pergamentpapier legen. Besonders hübsch sieht die Verpackung dann mit einer großen Tüllschleife aus.

Dominosteine

Für ca. 40 Stück:
125 g Vielblütenhonig
35 g Butter
1 Ei
150 g Dinkelmehl (Type 630)
½ TL Lebkuchengewürz
1 Prise Salz
1 TL Kakaopulver
1 geh. TL Weinstein-Backpulver
abgeriebene Schale von ½ Zitrone (unbehandelt)
1 EL Milch
250 g extrafeiner Fruchtaufstrich Marille (Glas, z. B. von Alnatura)
150 g Marzipan
1 EL Orangenlikör (oder Orangensaft)
300 g feine Bitterschokolade
50 g weiße Schokolade

Zubereitungszeit:
1 Std.
Backzeit:
15 Min.

Nährwerte pro Stück:
101 kcal, 423 kJ,
2 g EW, 3 g F, 16 g KH

1 Honig mit Butter und Ei in einer Rührschüssel schaumig schlagen. Mehl mit Lebkuchengewürz, Salz, Kakao, Backpulver und abgeriebener Zitronenschale vermischen und mit der Milch unter die Butter-Honig-Masse rühren.

2 Backofen auf 160 Grad vorheizen. Ein Backblech zur Hälfte mit Backpapier auslegen und in der Mitte des Blechs das Papier so falten, dass eine hohe Kante entsteht. Teig auf das Papier streichen und in den heißen Ofen schieben. Auf der mittleren Schiene 12–15 Minuten backen.

3 Teigplatte auskühlen lassen, dann waagerecht halbieren. Jede Teighälfte mit Fruchtaufstrich bestreichen. Marzipan mit Orangenlikör oder -saft verkneten und zwischen Frischhaltefolie in Größe der Teigplatte ausrollen. Marzipanplatte zwischen den Teig legen und leicht andrücken.

4 Marzipan-Teig-Platte in ca. 2 cm x 2 cm große Würfel schneiden. Die Bitterschokolade im heißen Wasserbad unter ständigem Rühren erhitzen. Würfel mit einer Pralinen- oder Kuchengabel in die geschmolzene Bitterschokolade tauchen und komplett damit überziehen.

5 Dominosteine zum Trocknen auf Backpapier setzen. Weiße Schokolade ebenfalls schmelzen und die Dominosteine nach Belieben damit verzieren.

Luxemburgerli

Für ca. 30 Stück:
Für die Makronen:
4 Eiweiß
175 g Zucker
50 g gemahlene Mandeln
1 Päckchen Vanillinzucker
1 EL Kakao
Lebensmittelfarbe Rot, Grün, Gelb
Für die Füllung:
100 g weiche Butter
50 g Puderzucker
2 Eigelb
30 g Zartbitterschokolade
Saft und Schale von ½ Limette (unbehandelt)
Lebensmittelfarben Grün, Rot
1 EL Himbeermark
1 EL weißes Schokoladenpulver

Zubereitungszeit:
50 Min.
Trockenzeit:
2 Std.

Nährwerte pro Stück:
83 kcal, 347 kJ,
1 g EW, 5 g F, 9 g KH

1 Eiweiß sehr steif schlagen und den Zucker nach und nach einrieseln lassen. Mandeln und Vanillinzucker unterheben, Masse vierteln.

2 Unter 1 Portion Kakao mischen, die anderen mit etwas Lebensmittelfarbe rot, grün und gelb färben.

3 Ein Blech mit Backpapier auslegen. Die 4 verschiedenen Massen jeweils in einen Spritzbeutel mit Lochtülle füllen und damit Tupfen auf das Backblech spritzen.

4 Die Makronen im vorgeheizten Ofen bei 75 Grad bei einem Spaltbreit geöffneter Ofentüre ca. 2 Stunden trocknen lassen.

5 Für die Creme die weiche Butter mit dem Handrührgerät auf höchster Stufe weiß-cremig schlagen. Puderzucker sieben und mit dem Eigelb unter ständigem Rühren unter die Butter schlagen. Die Creme in 4 Portionen teilen.

6 Zartbitterschokolade schmelzen und unter ein Viertel der Buttercreme rühren. Limettensaft, geriebene Limettenschale und grüne Lebensmittelfarbe unter ein weiteres Viertel mischen.

7 Das nächste Viertel mit roter Lebensmittelfarbe und Himbeermark mischen und das letzte Viertel mit weißem Schokoladenpulver.

8 Die Cremes in Gefrierbeutel füllen, je ein Eck abschneiden und die Füllungen auf die Hälfte der Makronen der jeweiligen Farbe verteilen. Die anderen Makronenhälften daraufsetzen. Luftdicht verschlossen und trocken aufbewahren.

TIPP
Auch wenn es der Name anders vermuten lässt, handelt es sich bei den Luxemburgerli um eine Spezialität aus der Schweiz. Der Name erinnert an einen luxemburgischen Zuckerbäcker, der das Rezept in den 1950er-Jahren mit nach Zürich gebracht haben soll.

Quittenkonfekt mit Pistazien

Für ca. 24 Stück:
1 kg Quitten
2 EL in Sirup eingelegte Ingwerstücke
Saft von 2 Orangen
500 g Gelierzucker 3 : 1
1 Päckchen Zitronensäure
40 g Pistazien, gehackt

Zubereitungszeit:
40 Min.
Trockenzeit:
2 Tage

Nährwerte pro Stück:
116 kcal, 485 kJ,
1 g EW, 1 g F, 25 g KH

1 Quitten vierteln, schälen, entkernen und in kleine Stücke schneiden. Mit Ingwer, 1 EL Ingwersirup und Orangensaft aufkochen. Anschließend pürieren und abkühlen lassen.

2 Die Masse mit Gelierzucker und Zitronensäure mischen. Nochmals aufkochen und unter Rühren 6–10 Minuten kochen lassen. Gelierprobe machen. Dafür eine kleine Portion Gelee auf einen Unterteller geben. Erstarrt es auf dem kalten Porzellan, ist das Gelee ausreichend geliert.

3 Die Masse in eine flache Form (ca. 30 cm x 20 cm) geben, glatt streichen, abkühlen lassen und portionsweise mit Pistazien bestreuen. Dann ca. 2 Tage trocknen lassen und anschließend in Rauten schneiden.

KEKSE & MEHR

Florentiner mit Walnuss *(Abb. S. 29)*

Für ca. 36 Stück:
200 g kalifornische Walnüsse
50 g kandierte Mangostücke
50 g getrocknete Papayawürfel
80 g Butter
100 g Zucker
2 EL flüssiger Honig
4 EL Kondensmilch
2 geh. EL Mehl
Öl
150 g Zartbitterkuvertüre

Zubereitungszeit:
35 Min.
Backzeit:
10 Min.

Nährwerte pro Stück:
101 kcal, 423 kJ,
1 g EW, 7 g F, 9 g KH

1 Backofen auf 200 Grad vorheizen. Walnüsse grob hacken. Mango in feine Würfel schneiden und die Papayawürfel grob hacken.

2 Butter, Zucker, Honig und Kondensmilch in einen Topf geben und erhitzen. Unter ständigem Rühren ca. 1 Minute kochen lassen.

3 Den Topf vom Herd ziehen. Mehl durch ein Sieb einstäuben und mit einem Schneebesen gründlich einrühren. Noch mal aufkochen lassen. Walnüsse, Mango und Papaya unterrühren.

4 3 Backbleche mit Backpapier auslegen. Mit 2 Teelöffeln jeweils ca. 12 kleine Häufchen auf die Backbleche setzen, dabei etwas Abstand lassen. Die Bleche in den heißen Backofen schieben und 8–10 Minuten backen.

5 Backbleche aus dem Ofen nehmen und sofort die warme Florentinermasse mit einem geölten Ausstechring (ca. 5 cm Durchmesser) zusammenschieben. Dann die Florentiner erkalten lassen.

6 Kuvertüre in Stücke schneiden und in eine Schüssel geben. In einem heißen Wasserbad unter Rühren schmelzen lassen. Die Unterseite der erkalteten Florentiner mit der Kuvertüre einstreichen und trocknen lassen.

TIPP
Verpacken Sie die Florentiner in hübschen farbigen Papiertütchen und verschließen Sie sie mit einer farblich passenden Schleife oder mit einer selbst gestalteten Holzklammer.

Erdnuss-Schoko-Brownies

Für ca. 30 Stück:
160 g Zartbitterkuvertüre
200 g Butter
5 Eier
400 g brauner Zucker
150 g Erdnussbutter (Glas)
200 g Mehl
3 EL Kakaopulver
Salz
180 g gemahlene Erdnüsse

Zubereitungszeit:
30 Min.
Backzeit:
35 Min.

Nährwerte pro Stück:
199 kcal, 832 kJ,
4 g EW, 11 g F, 21 g KH

1 Backofen auf 180 Grad vorheizen. Schokolade in grobe Stücke schneiden und mit der Butter unter Rühren im heißen Wasserbad langsam schmelzen. Eier mit dem Zucker gründlich verquirlen.

2 Schokolade, Eier und Erdnussbutter mit dem Handrührgerät schaumig schlagen. Mehl mit Kakaopulver und 1 Prise Salz vermischen und mit den Erdnüssen unter die Creme heben. Dabei mit einem Kochlöffel nur so lange rühren, bis alle Zutaten feucht sind.

3 Teig auf einem mit Backpapier ausgelegten Backblech gleichmäßig verteilen und auf der mittleren Schiene ca. 35 Minuten backen. Aus dem Ofen nehmen, kurz ausdampfen lassen und dann auf einem Kuchengitter erkalten lassen. Anschließend in ca. 30 Quadrate schneiden.

Müsliriegel

Für ca. 12 Stück:
100 g gemischte Trockenfrüchte
200 g Haferflocken
100 g Pinienkerne
100 g Haselnüsse, halbiert
50 g Sonnenblumenkerne
50 g Margarine
100 g Zucker
100 g Honig
1 TL Zitronensaft

Zubereitungszeit:
30 Min.
Abkühlzeit:
15 Min.

Nährwerte pro Stück:
280 kcal, 1172 kJ,
6 g EW, 16 g F, 28 g KH

1 Trockenfrüchte hacken. Mit Haferflocken, Pinienkernen, Haselnüssen und Sonnenblumenkernen in einer Schüssel vermischen.

2 Margarine, Zucker, Honig und Zitronensaft in einen hohen Topf geben und zum Kochen bringen. Unter Rühren so lange köcheln lassen, bis die Masse karamellisiert, also leicht Farbe annimmt. Die Nussmischung unterheben und gut verrühren.

3 Ein Backblech mit Backpapier auslegen und die noch warme Masse daraufgeben. Ein weiteres Blatt Backpapier darauflegen und mit einem Nudelholz flach ausrollen.

4 Das obere Blatt Backpapier wieder entfernen. Die Masse 15 Minuten abkühlen lassen. Danach in ca. 12 Riegel schneiden und vollständig auskühlen lassen. Trocken aufbewahren.

TIPP

Verpacken Sie die Müsliriegel in einfache Holzschachteln. Die Deckel lassen sich dann individuell bedrucken oder bekleben.

Nuss-Gewürzkuchen aus dem Glas

Für 10 Stück:
je 75 g gemahlene Haselnüsse und Walnüsse
1 TL gemahlener Zimt
1 Msp. gemahlene Gewürznelken
1 Msp. Piment
1 TL gemahlener Kardamom
½ TL gemahlener Ingwer
flüssiges Butterschmalz zum Einfetten
3 Mandarinen
100 g Aprikosenmarmelade
250 g Butterschmalz (z. B. von Butaris)
200 g Zucker
100 g Marzipan
Mark von 1 Vanilleschote
1 Prise Salz
5 Eier
175 g Weizenmehl
1 TL Backpulver
10 g Kakao

Zubereitungszeit:
20 Min.
Backzeit:
40 Min.

Nährwerte pro Stück:
587 kcal, 2456 kJ,
8 g EW, 39 g F, 50 g KH

1 Den Backofen auf 180 Grad vorheizen. Gemahlene Hasel- und Walnüsse mit Zimt, Nelken, Piment, Kardamom und Ingwer in eine beschichtete Pfanne geben. Das Ganze anrösten, dabei häufig schwenken, damit die Nüsse nicht schwarz werden. Dann die Mischung abkühlen lassen.

2 Ofenfeste Gläser mit Bügelverschluss mit flüssigem Butterschmalz ausstreichen. Mandarinen mit einem Messer so schälen, dass keine weiße Haut mehr an den Früchten ist. In 5 mm dicke Scheiben schneiden und auf dem Glasboden verteilen. Jeweils 1 gehäuften TL Aprikosenmarmelade auf die Mandarinenscheiben geben.

3 250 g Butterschmalz in einer Rührschüssel mit einem Mixer weich rühren. Nach und nach Zucker, Marzipan, Vanillemark und Salz unter Rühren hinzufügen. Dann die Eier unterrühren, bis eine gebundene Masse entsteht.

4 Mehl mit Backpulver und Kakao vermengen. Durch ein Sieb über den Teig stäuben und auf mittlerer Stufe unterrühren. Zuletzt die Gewürz-Nuss-Mischung unterheben.

5 Den Teig in die vorbereiteten Gläser füllen. Dabei darauf achten, dass ca. 1,5 cm vom oberen Rand freigelassen werden. Den Teig oben glatt streichen und die Gläser auf einem Blech in den Backofen schieben. 35–40 Minuten backen.

TIPP

Werden die Gläser sofort nach Ende der Backzeit noch heiß verschlossen, ist der Kuchen 1 Woche haltbar.
Sollten Sie keine ofenfesten Gläser haben, können Sie natürlich auch Tassen o. Ä. verwenden.

Karamell-Walnuss-Busserl

Für ca. 50 Stück:
Für den Mürbeteig:
100 g kalifornische Walnüsse
300 g Mehl
50 g Speisestärke
120 g Zucker
1 Päckchen Vanillinzucker
je 1 gestr. TL Nelken- und Kardamompulver
225 g kalte Butter
1 Ei
Mehl für die Hände
Außerdem:
100 g Zucker
100 g Schlagsahne
2 EL Honig
2 EL Rum
50 g kalifornische Walnüsse

Zubereitungszeit:
50 Min.
Kühlzeit:
1 Std.
Backzeit:
20 Min.

Nährwerte pro Stück:
101 kcal, 423 kJ, 1 g EW, 6 g F, 10 g KH

1 Für den Teig Walnüsse mahlen. Mehl mit Speisestärke, Zucker, Vanillinzucker, Nelken und Kardamom in eine Rührschüssel geben. Walnüsse dazugeben und alles vermengen.

2 Kalte Butter in Stückchen schneiden. Mit Ei und 3–4 EL Wasser zu den übrigen Teigzutaten geben. Alles mit einem Messer durchhacken, sodass sich trockene und feuchte Zutaten verbinden.

3 Den Teig dann rasch mit der Hand zu einem glatten Teig verkneten. Den Teig in Klarsichtfolie wickeln und 1 Stunde in den Kühlschrank legen.

4 Den Backofen auf 180 Grad vorheizen. Ein Backblech mit Backpapier auslegen. Aus dem gekühlten Teig mit leicht bemehlten Händen kirschgroße Kugeln (ca. 15 g) formen. Auf das Blech setzen.

5 Mit einem Kochlöffelstiel eine kleine Mulde in die Teigkugeln drücken. Danach das Blech in den heißen Ofen schieben und 18–20 Minuten backen. Anschließend wieder herausnehmen und die Kekse auskühlen lassen.

6 Den Zucker in einen kleinen Topf geben und bei milder Hitze erwärmen. Unter Rühren karamellisieren lassen. Schlagsahne, Honig und Rum zufügen und unter ständigem Rühren in 6–8 Minuten dicklich einköcheln lassen.

7 Die Walnüsse grob hacken und in einer Pfanne ohne Fettzugabe kurz rösten. Die Mulden der Kekse mit etwas Karamell füllen, Walnüsse daraufgeben und den übrigen Karamell darüberträufeln. Die Busserl erst verpacken, wenn der Karamell getrocknet ist.

Nuss-Ingwer-Cantuccini

Für ca. 65 Stück:
500 g Mehl (Type 1050)
250 g brauner Zucker
2 TL gemahlener Ingwer
1 Prise Salz
1 TL Backpulver
3 Eier
100 g Margarine (z. B. von Sanella)
200 g Pekannüsse

Zubereitungszeit:
30 Min.
Backzeit:
45 Min.

Nährwerte pro Stück:
76 kcal, 318 kJ,
1 g EW, 4 g F, 9 g KH

1 Backofen auf 175 Grad vorheizen. Mehl, Zucker, Ingwer, Salz und Backpulver in einer Rührschüssel vermengen. Eier, Margarine und 3 EL kaltes Wasser zufügen. Das Ganze rasch zu einem glatten Teig verkneten.

2 Pekannüsse längs einmal durchschneiden. Zum Teig geben und unterkneten. Aus dem Teig Rollen mit 2–3 cm Durchmesser formen. Auf ein mit Backpapier belegtes Backblech setzen und im heißen Backofen ca. 30 Minuten backen.

3 Teigrollen aus dem Backofen nehmen und ca. 10 Minuten abkühlen lassen. In der Zwischenzeit den Backofen auf 200 Grad vorheizen.

4 Die Teigrollen dann vorsichtig in ca. 1 cm dicke Scheiben schneiden. Scheiben auf dem Backblech verteilen und weitere 15 Minuten backen. Danach herausnehmen, Cantuccini vom Blech nehmen und kalt werden lassen.

VARIANTE

Statt Pekannüssen machen sich auch Walnüsse in diesem köstlichen Gebäck hervorragend.

Blaubeermuffins

Für 10 Stück:
225 g Mehl
1 EL Backpulver
½ TL Zimtpulver
115 g Streuzucker
85 g Margarine
100 ml Sojadrink Natur (z. B. von Alpro soya)
2 Eier
3–4 EL Blaubeeren (Glas)

Zubereitungszeit:
20 Min.
Backzeit:
20 Min.

Nährwerte pro Stück:
220 kcal, 920 kJ,
5 g EW, 9 g F, 29 g KH

1 Backofen auf 200 Grad vorheizen. Ein Muffinblech mit 10 Papierformen für Muffins bestücken.

2 Mehl in eine Rührschüssel sieben, Backpulver und Zimt gleichmäßig untermengen. Den Zucker dazugeben und unterrühren.

3 Margarine in einer mittelgroßen Schüssel schmelzen, kurz abkühlen lassen und mit dem Sojadrink vermengen. Eier einzeln unterrühren. 2 EL Blaubeeren dazugeben und alles miteinander verrühren, bis die Zutaten vermischt sind.

4 Die Milchmischung zum Mehl geben und nur vorsichtig unterheben, bis alle Zutaten feucht sind. In jede Muffinform 1 EL Teig füllen, restliche Blaubeermasse daraufgeben und diese mit 1 weiteren EL Teig bedecken.

5 Blaubeermuffins im heißen Ofen auf der mittleren Schiene 15–20 Minuten backen, bis die Muffins goldbraun sind. Anschließend aus dem Backofen nehmen und 5 Minuten in der Form ruhen lassen. Dann aus der Form lösen und auf einem Kuchengitter abkühlen lassen.

Exotische Fruchtdonuts

Für ca. 20 Stück:
500 g Instantmehl (Type 405, z. B. von Aurora)
1 Würfel frische Hefe (42 g)
150 g Zucker
200 g kandierte exotische Früchte (z. B. Ananas, Papaya, Mango)
2 Prisen Salz
2 Eier
80 g weiche Butter
Mehl zum Bestäuben und für die Arbeitsfläche
Fett zum Frittieren
2–3 EL Fruchtsaft (z. B. Ananas-, Mango- oder Maracujasaft)
200 g Puderzucker

Zubereitungszeit:
1 Std.
Ruhezeit:
1 Std. 45 Min.

Nährwerte pro Stück:
213 kcal, 891 kJ, 4 g EW, 3 g F, 42 g KH

1 Instantmehl in eine Schüssel geben und in die Mitte eine Mulde drücken. Hefe zerbröckeln, mit 1 TL Zucker und ca. 180 ml lauwarmem Wasser verrühren und in die Mulde gießen.

2 Vorteig mit etwas Mehl vom Rand bestäuben und abgedeckt an einem warmen Ort 15 Minuten gehen lassen.

3 150 g kandierte Früchte in kleine Würfel schneiden. Den Vorteig mit übrigem Zucker, Salz, Eiern und der Butter zu einem elastischen Teig verkneten, die Fruchtwürfel unterarbeiten. Teig mit Mehl bestäuben und erneut 1 Stunde gehen lassen.

4 Teig auf der leicht bemehlten Arbeitsfläche ca. 1,5 cm dick ausrollen. Mit einem runden Ausstecher (7 cm Durchmesser) Teigkreise ausstechen. In die Mitte jeweils ein Loch drücken und etwas weiten. Teigringe abgedeckt weitere 30 Minuten ruhen lassen.

5 Das Frittierfett in einem großen Topf auf 180 Grad erhitzen. Die Temperatur mit einem Holzkochlöffel testen. Dazu den Stiel des Löffels ins Fett halten. Steigen daran sofort kleine Bläschen nach oben, ist die Temperatur des Fettes richtig.

6 Die Teigkreise nach und nach ins heiße Fett geben und darin unter Wenden 6–8 Minuten goldbraun ausbacken.

7 Donuts auf Küchenpapier abtropfen lassen. Den Fruchtsaft mit dem Puderzucker zu einem Guss verrühren und die Donuts damit bestreichen. Restliche kandierte Früchte klein schneiden, auf den Guss setzen und fest werden lassen.

VARIANTE

Statt der kandierten Früchte können auch Nüsse, Kokosflocken oder Schokoladenraspel verwendet werden. Der Zuckerguss kann durch helle oder dunkle Schokoladenkuvertüre ersetzt werden.

Feuerrote Zimtmandeln

Für 450 g:
1 Eiweiß
1–2 TL rote Lebensmittelfarbe
450 g ganze blanchierte kalifornische Mandeln
60 g Zucker
2 EL gemahlener Zimt
2 TL grobkörniges Salz

Zubereitungszeit:
15 Min.
Backzeit:
50 Min.

Nährwerte pro 100 g:
40 kcal, 167 kJ,
1 g EW, 3 g F, 1 g KH

1 Den Backofen auf 130 Grad vorheizen. Ein Backblech mit Backpapier auslegen.

2 Eiweiß mit 1 EL Wasser in einer Rührschüssel so lange schlagen, bis es schaumig ist. Nach und nach die Lebensmittelfarbe unterrühren, bis die Mischung eine satte rote Farbe hat.

3 Mandeln in die rote Eiweißmischung geben und gut umrühren, bis alle Mandeln mit der Masse umhüllt sind. Anschließend in ein Sieb geben und vorsichtig schütteln, bis die Mandeln abgetropft sind.

4 Zucker, Zimt und Salz in einer weiteren Rührschüssel verrühren. Die Mandeln zu der Würzmischung geben und rühren, bis die Mandeln bedeckt sind.

5 Mandeln auf dem Backblech auslegen. In den Ofen schieben und 30 Minuten backen. Anschließend das Blech herausnehmen und die Mandeln vorsichtig durchmischen.

6 Ofentemperatur auf 90 Grad reduzieren und die Mandeln weitere 20 Minuten backen. Anschließend herausnehmen und vollständig abkühlen lassen.

TIPP

Diese feuerroten Zimtmandeln sind ein ganz unkompliziertes Geschenk. Wenn sie nicht gleich verschenkt werden, lagern Sie sie noch einige Tage an einem kühlen, dunklen Ort. Achten Sie darauf, dass das Ganze luftdicht verpackt ist.
Wenn Sie als Verpackung für diese roten Mandeln eine helle Papierschachtel mit einer roten Schleife wählen, dann ist der optische Effekt besonders schön.

Mandelmuffins

Für 12 Stück:
Fett und Mehl für die Form
250 g Mehl
50 g Mandelblättchen
2 TL Backpulver
½ TL Natron
2 Eier
100 g Zucker
1 Päckchen Vanillezucker
1 EL Mandellikör
75 ml Pflanzenöl
300 g saure Sahne
Puderzucker zum Bestäuben

Zubereitungszeit:
15 Min.
Backzeit:
30 Min.

Nährwerte pro Stück:
235 kcal, 983 kJ,
5 g EW, 12 g F, 26 g KH

1 Backofen auf 200 Grad vorheizen. Ein Muffinblech mit 12 Mulden ausfetten und die Vertiefungen mit Mehl bestäuben. Alternativ können die Mulden auch mit Backpapier ausgekleidet werden.

2 Mehl mit Mandelblättchen, Backpulver und Natron in eine Schüssel geben und alles sorgfältig miteinander vermischen.

3 In einer weiteren Rührschüssel die Eier leicht verquirlen. Dann Zucker, Vanillezucker, Mandellikör, Pflanzenöl und saure Sahne dazugeben und das Ganze gut verrühren.

4 Die Mehlmischung zur Eimasse geben. Alles nur so lange verrühren, bis die trockenen Zutaten feucht sind.

5 Den Teig in die Mulden des Blechs füllen. Das Ganze im heißen Backofen auf der mittleren Schiene 25–30 Minuten backen.

6 Herausnehmen, einige Minuten in der Form abkühlen lassen und dann aus der Form lösen. Mandelmuffins auf einem Kuchengitter ganz abkühlen lassen. Mit Puderzucker bestäuben.

VARIANTE

Auch Ei-Allergiker müssen nicht auf die Muffins verzichten: Ersetzen Sie das Ei durch eine Mischung aus 1 EL vollfettem Sojamehl und 3–4 EL Wasser.

Espressogebäck mit Schokoladenfüllung

Für ca. 45 Stück:
100 g Zartbitterschokolade
50 g Puderzucker
100 g Butter
1 Eigelb
40 ml heißer Espresso
200 g Mehl
50 g Zartbitterkuvertüre
Kaffeebohnen zum Garnieren

Zubereitungszeit:
20 Min.
Kühlzeit:
30 Min.
Backzeit:
15 Min.

Nährwerte pro Stück:
53 kcal, 228 kJ,
1 g EW, 3 g F, 6 g KH

1 Schokolade in Stücke brechen und unter Rühren langsam im heißen Wasserbad schmelzen lassen. In einer Rührschüssel Puderzucker und Butter mit dem Handrührgerät cremig schlagen und das Eigelb unterrühren.

2 Espresso und Schokolade nach und nach untermengen. Gesiebtes Mehl zugeben und zu einem glatten Teig verkneten. Anschließend in Frischhaltefolie wickeln und ca. 30 Minuten im Kühlschrank ruhen lassen.

3 Teig zwischen 2 Lagen Frischhaltefolie mit dem Nudelholz 5 mm dünn ausrollen und in gleichmäßige schmale Rechtecke schneiden. Ein Backblech mit Backpapier belegen und dann die Rechtecke daraufsetzen.

4 Das Gebäck im vorgeheizten Backofen bei 180 Grad 12–15 Minuten backen. Danach mit dem Papier vom Blech ziehen und abkühlen lassen.

5 Zartbitterkuvertüre grob hacken und langsam über dem Wasserbad schmelzen lassen. Drei Viertel der Schokolade auf die Hälfte der Plätzchen streichen. Die restlichen Plätzchen daraufsetzen.

6 Restliche Kuvertüre mithilfe einer Spritztüte in feinen Linien auf die Plätzchen spritzen. Nach Belieben mit Kaffeebohnen verzieren.

Fruchtige Knabberplätzchen

Für ca. 45 Stück:
100 g Haselnüsse
100 g Mandeln
180 g Trockenfrüchte (z. B. Pflaumen, Aprikosen, Rosinen)
100 g Butter
100 g Honig
80 g Zuckerrübensirup
abgeriebene Schale von 1 Zitrone (unbehandelt)
½ TL Zimtpulver
150 ml Mineralwasser
200 g Weizenmehl (Type 550)
100 g kernige Haferflocken

Zubereitungszeit:
25 Min.
Ruhezeit:
2 Std.
Backzeit:
20 Min.

Nährwerte pro Stück:
67 kcal, 281 kJ, 2 g EW, 3 g F, 8 g KH

1 Haselnüsse, Mandeln und Trockenfrüchte mittelfein hacken. Trockenfrüchte mit Nüssen und Mandeln mischen.

2 Butter in einem Kochtopf bei schwacher Hitze schmelzen und mit Honig sowie Zuckerrübensirup verrühren. Trockenfrüchte und Nüsse hinzufügen.

3 Nacheinander Zitronenschale, Zimt, Mineralwasser, Weizenmehl und Haferflocken unterrühren. Den Teig abgedeckt 1 – 2 Stunden ruhen lassen.

4 Backofen auf 175 Grad vorheizen. Aus dem Teig kirschgroße Kugeln formen und auf ein mit Backpapier belegtes Blech legen. Mit einer Gabel oder einem Fleischklopfer zu flachen Plätzchen drücken. Im heißen Ofen ca. 20 Minuten backen.

VARIANTE

Zuvor in Amaretto oder Rum eingelegte Trockenfrüchte verleihen den Plätzchen einen besonderen Pfiff.

Ostermuffins

Für 12 Stück:
120 g Mehl (Type 405, z. B. von Aurora)
40 g Speisestärke
2 TL Backpulver
4 Eigelb
180 g Zucker
4 Eiweiß
1 Prise Salz
100 g gemahlene Haselnüsse
100 g gemahlene Mandeln
250 g Möhren, geraspelt
2 cl Orangenlikör
4 EL Orangensaft
Fett für das Blech
30 g Butterkeks- oder Zwiebackbrösel, fein gerieben
250 g Puderzucker
100 g Marzipan
gelbe, rote und grüne Lebensmittelfarbe

Zubereitungszeit:
45 Min.
Backzeit:
30 Min.

Nährwerte pro Stück:
391 kcal, 1642 kJ, 7 g EW, 16 g F, 54 g KH

1 Mehl, Stärke und Backpulver mischen und sieben. Eigelb und 120 g Zucker schaumig schlagen. Eiweiß mit restlichem Zucker und Salz zu sehr steifem Schnee schlagen und gemahlene Nüsse unterheben. Mehl-Stärke-Mischung mit geraspelten Möhren, Orangenlikör und 2 EL Orangensaft unter die Eigelb-Zucker-Masse rühren. Zuletzt den Eischnee vorsichtig unterheben.

2 Muffinblech einfetten und mit Bröseln ausstreuen. Teig in einen Spritzbeutel mit Lochtülle geben und in die Vertiefungen füllen. Im vorgeheizten Backofen auf der mittleren Schiene bei 180 Grad ca. 30 Minuten backen. Nach Ende der Backzeit Muffins aus der Form lösen und auf einem Kuchengitter auskühlen lassen.

3 Puderzucker sieben und 100 g davon mit Marzipan vermengen. Zwei Drittel mit gelber und roter Lebensmittelfarbe orange, ein Drittel grün einfärben. Kleine Rüben mit Grün formen. Restlichen Puderzucker mit restlichem Orangensaft verrühren. Die ausgekühlten Muffins mit dem Zuckerguss bestreichen und mit den Rüben verzieren.

Mini-Panettone

Für 12 Stück:
600 g Mehl
150 g Zucker
250 ml Milch
1 Würfel Hefe
125 g Margarine (z. B. von Rama)
3 Eier
2 Eigelb
1 TL Salz
1 Prise Muskatnuss, frisch gerieben
1 TL abgeriebene Zitronenschale (unbehandelt)
50 g rote Belegkirschen
100 g gewürfeltes Zitronat
100 g gewürfeltes Orangeat
150 g Rosinen
Margarine für die Form
Puderzucker zum Bestreuen

Zubereitungszeit:
45 Min.
Gehzeit:
70 Min.
Backzeit:
30 Min.

Nährwerte pro Stück:
477 kcal, 1996 kJ,
9 g EW, 13 g F, 74 g KH

1 Für den Vorteig Mehl und Zucker mischen. In die Mitte eine Mulde drücken. Milch erwärmen und 4–5 EL davon abnehmen. Zerbröckelte Hefe darin auflösen, in die Mulde gießen und an einem warmen Ort zugedeckt 15 Minuten gehen lassen.

2 Margarine in der restlichen Milch schmelzen. Eier, Eigelbe und Gewürze unterrühren und zum Vorteig geben. Alles zu einem glatten Teig verkneten und zugedeckt an einem warmen Ort weitere 30 Minuten gehen lassen.

3 Backofen auf 175 Grad vorheizen. Belegkirschen hacken. Zitronat, Orangeat, Rosinen und Belegkirschen unter den Teig kneten. 12 Timbaleförmchen (à 7 cm Durchmesser, 125 ml Inhalt) mit Margarine fetten. Teig einfüllen und nochmals ca. 25 Minuten gehen lassen.

4 Teigoberfläche mit einem Messer kreuzweise einschneiden. Panettone in den Ofen schieben und darin 25–30 Minuten backen.

5 Mini-Panettone aus den Förmchen stürzen und auf einem Kuchengitter abkühlen lassen. Mit Puderzucker bestäuben.

TIPP

Timbaleförmchen sind zylindrische Formen aus Metall, die nach oben hin etwas weiter werden. Sie sind sowohl hitze- als auch kälteresistent.

Walnuss-Cranberry-Cookies

Für ca. 40 Stück:
100 g kalifornische Walnüsse
125 g weiche Butter
100 g Zucker
1 Ei
1 Eigelb
1 TL abgeriebene Orangenschale (unbehandelt)
250 g Mehl
1 TL Backpulver
50 g getrocknete Cranberrys

Zubereitungszeit:
45 Min.
Backzeit:
20 Min.

Nährwerte pro Stück:
78 kcal, 326 kJ,
1 g EW, 5 g F, 8 g KH

1 Backofen auf 180 Grad vorheizen. Die Hälfte der Walnüsse fein hacken. Die weiche Butter in eine Rührschüssel geben und mit dem Schneebesen oder den Quirlen des Handrührgerätes cremig rühren.

2 Nach und nach Zucker, Ei, Eigelb und abgeriebene Orangenschale unterrühren. Mehl mit Backpulver vermischen und über den Teig sieben. Zügig mit den Knethaken des Handrührers verarbeiten. Gehackte Walnüsse und Cranberrys untermengen.

3 2 Backbleche mit Backpapier auslegen. Aus dem Teig walnussgroße Bällchen formen, etwas flach drücken und mit etwas Abstand auf die Bleche setzen. Die übrigen Walnüsse auf die Cookies setzen und leicht andrücken.

4 Bleche in den heißen Ofen schieben. 18–20 Minuten backen. Anschließend herausnehmen, kurz ausdampfen lassen und dann die Cookies vom Blech nehmen. Auf einem Kuchengitter auskühlen lassen.

TIPP

Die Cookies können natürlich nach Belieben noch mit ein wenig Puderzucker bestäubt werden. Dann sollten Sie sie allerdings nicht in Folie verpacken, da diese sonst „staubig" aussehen würde.

Scharfe Chocolate-Chips-Cookies

Für ca. 24 Stück:
1–2 kleine rote Chilischoten
100 g Pekannüsse
150 g Mehl
1 TL Backpulver
2 gestr. TL Kakaopulver
50 g Schmelzflocken
150 g Halbfettmargarine (z. B. von Lätta)
125 g brauner Zucker
1 Prise Salz
1 Ei
75 g Schokoladentropfen

Zubereitungszeit:
35 Min.
Backzeit:
12 Min.

Nährwerte pro Stück:
126 kcal, 530 kJ,
2 g EW, 7 g F, 14 g KH

1 Backofen auf 180 Grad vorheizen. Chilischoten waschen, längs halbieren, entkernen und fein hacken. Pekannüsse vierteln. Mehl, Backpulver und Kakao vermengen, sieben und die Schmelzflocken unterrühren.

2 Margarine, Zucker und Salz mit den Quirlen des Handrührgerätes schaumig schlagen. Erst das Ei, dann die Mehlmischung unterrühren. Zuletzt Chilischoten, Nüsse und die Schokoladentropfen mit einem Kochlöffel unterheben.

3 Ein Backblech mit Backpapier auslegen. Masse mit 2 Teelöffeln als Taler (ca. 5 cm Durchmesser und 2 cm Höhe) mit genügend Abstand auf das Blech setzen. Im Backofen auf der mittleren Schiene ca. 12 Minuten backen, dabei darauf achten, dass die Cookies nicht zu dunkel werden.

TIPP

Pekannüsse sind die Steinfrüchte des amerikanischen Hickorybaumes. Sie sind eng mit Walnüssen verwandt und können diese ersetzen. Mit 70 % Fett sind sie sehr fetthaltig, daher sind sie nur ca. 6 Monate lagerfähig.

Knuspertaler *(Abb. unten rechts)*

Für ca. 12 Stück:
2 EL Sonnenblumenkerne
je 25 g getrocknete Aprikosen und Cranberrys
30 g grobe Haferflocken
4 EL Butter
1 Ei
1 TL Honig
25 g feine Haferflocken
70 g Mehl

Zubereitungszeit:
25 Min.
Backzeit:
12 Min.

Nährwerte pro Stück:
108 kcal, 452 kJ,
2 g EW, 6 g F, 10 g KH

1 Die Sonnenblumenkerne in einer Pfanne ohne Fett rösten. Aprikosen und Cranberrys fein hacken. Sonnenblumenkerne und Trockenfrüchte mit den groben Haferflocken vermischen.

2 Die Butter mit dem Ei in einer Schüssel schaumig schlagen. Honig unterrühren. Feine Haferflocken und das Mehl dazugeben und mit der Eimischung gut verrühren. Zuletzt die Haferflocken-Trockenfrüchte-Mischung unterheben.

3 Ein Backblech mit Backpapier auslegen. Mit einem Teelöffel kleine Häufchen vom Teig abnehmen und nebeneinander auf das Blech setzen. Die Knuspertaler im vorgeheizten Backofen bei 180 Grad auf der mittleren Schiene in ca. 12 Minuten goldbraun backen.

Nussstangen *(Abb. links)*

Für ca. 30 Stück:
200 g Vollkornmehl
1 TL Trockenhefe
50 g gemahlene Nüsse (z. B. Wal- und Haselnüsse)
1 TL Zucker
½ TL Salz
Mehl für die Arbeitsfläche

Zubereitungszeit:
25 Min.
Gehzeit:
1 Std.
Backzeit:
20 Min.

Nährwerte pro Stück:
33 kcal, 138 kJ,
1 g EW, 1 g F, 4 g KH

1 Mehl, Hefe, Nüsse, Zucker und Salz in einer Schüssel gründlich vermischen. 125 ml lauwarmes Wasser dazugeben und alles zu einem glatten, geschmeidigen Teig verkneten, der sich leicht vom Schüsselrand löst.

2 Den Teig zugedeckt an einem warmen Ort ca. 45 Minuten gehen lassen. Dann auf der leicht bemehlten Arbeitsfläche erneut kräftig durchkneten und in ca. 30 Portionen teilen.

3 Jede Teigportion zu einer ca. 15 cm langen, dünnen Rolle formen. Mit etwas Abstand auf ein mit Backpapier ausgelegtes Backblech legen und weitere 15 Minuten gehen lassen.

4 Die Nussstangen im vorgeheizten Backofen bei 180 Grad auf der mittleren Schiene in 15–20 Minuten goldbraun backen.

BEILAGE
Wie wär's mit einem süßen Dip dazu? Einfach etwas Naturjoghurt mit Johannisbeerkonfitüre und Vanillezucker verrühren.

Holunderküchlein

Für ca. 16 Stück:
280 g Mehl
1 TL Backpulver
½ TL Natron
2 Eier
50 g Zucker
50 ml Pflanzenöl
50 ml Holundersirup
250 ml Buttermilch
2 Handvoll Holunderblüten

Zubereitungszeit:
25 Min.
Backzeit:
25 Min.

Nährwerte pro Stück:
129 kcal, 540 kJ,
3 g EW, 5 g F, 18 g KH

1 Den Backofen auf 180 Grad vorheizen. Ca. 16 bunte Papierförmchen für Muffins auf ein Blech setzen.

2 Mehl, Backpulver und Natron vermischen und sieben. In einer großen Schüssel Eier und Zucker schaumig aufschlagen. Öl, Holundersirup und Buttermilch einrühren.

3 Die Mehlmischung rasch unter die Eimasse rühren. Den Teig auf die vorbereiteten Förmchen verteilen, dabei die Förmchen nur halb füllen. Das Backblech in den heißen Ofen schieben und 20–25 Minuten backen.

4 Holunderküchlein aus dem Ofen nehmen und auskühlen lassen. Die Holunderblüten vorsichtig von den Stielen zupfen. Wenn die Küchlein ausgekühlt sind, mit den Blüten bestreuen.

TIPP

Die Holunderküchlein zum Verschenken in eine feste Box mit sommerlichen Farben setzen, dann mit einer schönen Schleife verschließen.

Schokoecken

Für ca. 60 Stück:
250 g Margarine (z. B. von Rama)
250 g Zucker
1 Päckchen Vanillezucker
6 Eier
250 g Blockschokolade
100 g Mehl
2 EL Kakao
250 g gemahlene Mandeln
1 Prise Salz
200 g dunkle Kuvertüre
bunte Zuckerstreusel

Zubereitungszeit:
25 Min.
Backzeit:
25 Min.

Nährwerte pro Stück:
113 kcal, 473 kJ,
2 g EW, 7 g F, 9 g KH

1 Backofen auf 180 Grad vorheizen. Margarine, Zucker und Vanillezucker in eine Rührschüssel geben und mit den Quirlen des Handrührgerätes schaumig rühren. Dann die Eier einzeln dazugeben und gründlich unterrühren.

2 Blockschokolade fein raspeln. Mehl und Kakao vermengen und sieben. Dann mit den gemahlenen Mandeln, Salz und der geriebenen Schokolade unter den Teig heben. Ein Backblech mit Backpapier auslegen. Den Teig daraufstreichen.

3 Auf die mittlere Schiene im heißen Backofen schieben und ca. 25 Minuten backen. Anschließend herausnehmen und ausdampfen lassen. Dann den Kuchen mit Backpapier auf ein Kuchengitter heben und auskühlen lassen.

4 Kuvertüre im heißen Wasserbad unter Rühren schmelzen, dann wieder etwas abkühlen lassen. Schokoladenkuchen mit Kuvertüreglasur überziehen und mit Zuckerstreuseln bestreuen.

5 Bevor die Kuvertüre fest wird, den Kuchen erst in ca. 30 Vierecke schneiden und dann jedes Stück nochmals quer halbieren. Guss fest werden lassen.

TIPP

Über diese Schokoecken freut sich nicht nur jedes Kaffeekränzchen! Damit die Schokoecken auch noch hübsch beim Gastgeber ankommen, sollten sie erst dann verpackt werden, wenn der Guss ganz fest ist. Möchten Sie in Tütchen oder Schachteln die Ecken übereinandersetzen, dann sollten Sie am besten Pergamentpapier dazwischenlegen.

Macadamia-Schoko-Cookies

Für ca. 40 Stück:
250 g australische Macadamianüsse
200 g Zartbitterschokolade
400 g weiche Butter
350 g Rohrzucker
1 Prise Salz
2 TL Instant-Espressopulver
2 Eier
400 g Mehl
100 g Kakao
2 TL Backpulver

Zubereitungszeit:
40 Min.
Backzeit:
15 Min.

Nährwerte pro Stück:
224 kcal, 937 kJ,
3 g EW, 16 g F, 18 g KH

1 Den Backofen auf 180 Grad vorheizen. Macadamianüsse und Zartbitterschokolade grob hacken. Weiche Butter mit den Quirlen des Handrührgerätes oder in der Küchenmaschine cremig rühren.

2 Zucker, Salz und Espressopulver zufügen und 2 Minuten unterrühren. Eier nacheinander zufügen und 1 Minute unterrühren.

3 Mehl, Kakao und Backpulver mischen und über den Teig sieben. Kurz mit den Knethaken des Handrührgerätes oder der Küchenmaschine unter den Teig kneten. Die Hälfte der Macadamianüsse und die gesamte Schokolade unterkneten.

4 4 Stücke Backpapier in Backblechgröße auslegen. Jeweils 1 gehäuften EL Teig in großem Abstand daraufgeben und etwas flach drücken. Mit den restlichen Macadamianüssen bestreuen.

5 Cookies nacheinander auf ein Backblech setzen. Auf der mittleren Schiene im heißen Ofen 12–15 Minuten backen.

6 Cookies auf dem Backpapier vorsichtig auf ein Kuchengitter ziehen und abkühlen lassen. In geschlossenen Dosen aufbewahren.

TIPP

Besonders schön sehen diese dunklen Cookies aus, wenn sie in roten oder pinkfarbenen Boxen verpackt werden. Besonders edel wird das Ganze, wenn man die Verpackungen mit farblich passendem Seidenpapier auslegt.

Mandelturrón

Für 3 Stück:
250 g ganze Mandeln
1 Ei
1 Zitrone (unbehandelt)
250 g brauner Zucker
1 TL Zimtpulver
6 runde Oblaten (20 cm Durchmesser)

Zubereitungszeit:
45 Min.
Trockenzeit:
12 Std. + 3 Tage

Nährwerte pro Stück:
840 kcal, 3515 kJ,
18 g EW, 47 g F, 86 g KH

1 Mandeln in eine Schüssel geben und mit kochend heißem Wasser überbrühen. Kurz ziehen lassen und anschließend die Haut abziehen. Ca. 12 Stunden sehr gut trocknen lassen, z. B. in der Nähe der Heizung.

2 Mandeln sehr fein mahlen. Das Ei trennen. Zitrone heiß waschen und trocken reiben. Die Schale fein abreiben.

3 Zucker in einem Topf bei mittlerer Hitze unter Rühren schmelzen und etwas abkühlen, aber nicht erkalten lassen. Mandeln mit einem Holzlöffel einrühren, bis sich alles gut vermengt hat. Eigelb, Zimtpulver und abgeriebene Zitronenschale ebenfalls gut unterrühren.

4 Je ein Drittel der Mandelmischung auf die Mitte von 1 Oblate geben und dünn verstreichen. Dabei die Oblatenränder freilassen.

5 Oblatenränder jeweils mit ein wenig Eiweiß bestreichen und 1 weitere Oblate auf die Mandelmasse legen. Dabei die Ränder etwas zusammendrücken. Mandelturrón auf einem Kuchengitter ca. 3 Tage trocknen lassen. Anschließend luftdicht verschlossen aufbewahren.

Türkische Mundbissen

Für ca. 30 Stück:
275 g Mehl
200 g zimmerwarme Butter
150 g Zucker
125 g gemahlene Mandeln
1 TL Zimtpulver
abgeriebene Schale von ½ Zitrone (unbehandelt)
1 Ei
Mehl für die Arbeitsfläche
5 EL Orangenmarmelade
2 EL Rosenwasser
Puderzucker zum Bestäuben

Zubereitungszeit:
45 Min.
Kühlzeit:
12 Std.
Backzeit:
15 Min.

Nährwerte pro Stück:
136 kcal, 569 kJ,
2 g EW, 8 g F, 14 g KH

1 Mehl auf die Arbeitsfläche sieben und in die Mitte eine Mulde drücken. Die zimmerwarme Butter in Flöckchen hineingeben. Zucker, Mandeln, Zimt, abgeriebene Zitronenschale und Ei hinzufügen.

2 Das Ganze schnell zu einem glatten Teig verkneten. Den Teig zu einer Kugel formen und in Klarsichtfolie wickeln. Im Kühlschrank ca. 12 Stunden ruhen lassen.

3 Backofen auf 175 Grad vorheizen. Ein Backblech mit Backpapier auslegen. Den Teig auf der bemehlten Arbeitsfläche ca. 4 mm dick ausrollen. Aus dem Teig rechteckige Plätzchen ausstechen und auf das Backblech setzen.

4 Plätzchen im heißen Ofen 12–15 Minuten backen. Anschließend herausnehmen und Plätzchen auf ein Kuchengitter heben. Vollständig auskühlen lassen.

5 Orangenmarmelade in einem kleinen Topf erwärmen und das Rosenwasser unterrühren. Plätzchen mit der Marmelade bestreichen und jeweils 2 zusammensetzen. Mit Puderzucker bestäuben.

TIPP
Verschenken Sie diese türkische Köstlichkeit beispielsweise in orientalisch verzierten Metalldosen. Legen Sie zwischen jede Lage Plätzchen Pergamentpapier.

HERZHAFTE KLEINIGKEITEN

Biskuits mit Chorizo und Oliven

(Abb. S. 49)

Für ca. 15 Stück:
6 Eiweiß
65 g Mehl
Salz, Pfeffer
100 g Chorizo
50 g entsteinte grüne Oliven (Glas)
Olivenöl

Zubereitungszeit:
15 Min.
Backzeit:
5 Min.

Nährwerte pro Stück:
51 kcal, 213 kJ,
3 g EW, 3 g F, 3 g KH

1 Den Backofen auf 210 Grad vorheizen. In einer Rührschüssel Eiweiß und Mehl glatt rühren. Etwas salzen und pfeffern.

2 Chorizo in kleine Würfel, die entsteinten Oliven in dünne Scheiben schneiden. Beides in den Teig einarbeiten. Ein Backblech mit Backpapier auslegen und das Papier einölen.

3 Mit einem Esslöffel ca. 15 kleine Teighäufchen auf das Backpapier setzen; dabei ein paar Zentimeter Abstand dazwischen lassen. Teig mit der Rückseite des Löffels flach drücken.

4 Das Blech in den Ofen schieben und ca. 5 Minuten backen, bis die Kekse leicht gebräunt sind. Aus dem Ofen nehmen, vom Backblech auf ein Kuchengitter ziehen und abkühlen lassen.

TIPP

Chorizo ist eine dünne, grobe Dauerwurst aus Spanien, die in etlichen Varianten aus Schweinefleisch, Paprikapulver und Knoblauch hergestellt wird. Chorizo kann mild oder durch Chilipulver sehr scharf sein und ist meist gepökelt und geräuchert. Sie schmeckt würzig und wird Eintöpfen, Paellas und Schmorgerichten zugegeben, um sie deftiger zu machen. Dünne Scheiben bereichern auch jede Tapas-Auswahl.

Fenchelkringel

Für 20 Stück:
400 g Mehl
1 Würfel Hefe (42 g)
1 TL Zucker
Salz
1 ½ EL Fenchelsamen
100 ml kalt gepresstes Olivenöl
175 ml trockener Weißwein
Mehl für die Arbeitsfläche
Olivenöl für das Blech

Zubereitungszeit:
40 Min.
Ruhezeit:
10 Min.
Backzeit:
25 Min.

Nährwerte pro Stück:
90 kcal, 377 kJ,
2 g EW, 4 g F, 11 g KH

1 Mehl in eine Schüssel sieben. Hefe zerbröckeln. Mit Zucker, 1 TL Salz und Fenchelsamen über das Mehl streuen. Olivenöl und Weißwein erwärmen und unterrühren.

2 Teig auf einer bemehlten Arbeitsfläche gründlich durchkneten. Dann zudecken und 10 Minuten ruhen lassen.

3 Backofen auf 100 Grad vorheizen. Ein großes Blech mit Öl einstreichen. In einem großen Topf reichlich Wasser mit 1 EL Salz aufkochen. Den Teig halbieren.

4 Jede Teighälfte auf einer bemehlten Fläche zu einer 4 cm dicken Rolle formen. Jede Rolle in 10 gleich große Stücke schneiden. Diese zu 20 cm langen Rollen formen, dann zu Ringeln legen und die Enden übereinanderschlagen. Enden leicht zusammendrücken.

5 Jeweils 4–5 Fenchelkringel in das siedende Wasser geben, bis sie an die Oberfläche steigen. Abtropfen lassen, auf das vorbereitete Backblech legen und im Ofen 20–25 Minuten hellbraun backen. Anschließend herausnehmen, ausdampfen lassen und auf einem Kuchengitter auskühlen lassen.

Grissini mit Sesam

Für ca. 60 Stück:
1 Würfel frische Hefe (42 g)
500 g Mehl
40 g Butter
1 EL Olivenöl
Salz
Mehl für die Arbeitsfläche
Sesamsamen

Zubereitungszeit:
30 Min.
Gehzeit:
40 Min.
Backzeit:
15 Min.

Nährwerte pro Stück:
37 kcal, 155 kJ,
1 g EW, 1 g F, 6 g KH

1 Hefe in 250 ml lauwarmem Wasser auflösen. Mehl, Butter, Olivenöl, 1 TL Salz und das Hefewasser in eine Rührschüssel geben und zu einem glatten Teig verarbeiten. Zugedeckt an einem warmen Ort ca. 30 Minuten gehen lassen.

2 Backofen auf 200 Grad vorheizen. Den Teig auf einer bemehlten Arbeitsfläche gut durchkneten und ca. 5 mm dick ausrollen. Mit einem Messer in ca. 5 mm breite Streifen schneiden.

3 Ein Blech mit Backpapier auslegen. Teigstreifen in ca. 15 cm lange Stücke schneiden und diese mit Salzwasser einstreichen. Reichlich Sesam auf einem Brett verteilen und Teigstangen darin wälzen.

4 Die Stangen auf das Blech legen und weitere 10 Minuten gehen lassen. In den heißen Backofen schieben und in 12 – 15 Minuten goldgelb backen. Grissini vor dem Verpacken gut auskühlen lassen.

VARIANTE
Die Stangen können natürlich ganz unterschiedlich bestreut werden. Lecker sind auch getrocknete Kräuter, geriebener Parmesan oder Mohn. Damit das dann auch hält, rollen Sie die Stangen am besten noch mal; so haften Körner & Co. am besten.

Scharfe Chilimandeln

Für 8 Personen:
1 EL Chilipulver
2 EL Zucker
1 TL grobkörniges Salz
1 EL Mandel- oder Maiskeimöl
150 g ganze naturbelassene Mandeln

Zubereitungszeit:
15 Min.

Nährwerte pro Person:
138 kcal, 577 kJ,
4 g EW, 12 g F, 5 g KH

1 Chilipulver mit Zucker und dem grobkörnigen Salz in eine kleine Schüssel geben. Das Ganze gründlich miteinander vermischen und anschließend beiseitestellen.

2 Mandel- oder Maiskeimöl in eine Pfanne geben und bei mittlerer Temperatur erhitzen. Die ganzen Mandeln dazugeben. Dabei immer wieder umrühren, bis sich die Mandelhaut leicht löst und die Mandeln angenehm duften.

3 Hitze reduzieren und die scharfe Würzmischung unterrühren. Die Pfanne für ca. 30 Sekunden schwenken. Anschließend die gerösteten Chilimandeln in eine Schüssel geben und abkühlen lassen.

TIPP

Mandeln sind reich an ungesättigten Fettsäuren und helfen, einen erhöhten Cholesterinspiegel zu senken. Daher tragen Mandeln auch dazu bei, Herz-Kreislauf-Erkrankungen vorzubeugen.

Olivenkekse

Für ca. 30 Stück:
275 g Mehl
½ TL Salz
½ TL Backpulver
1 Prise Zucker
60 g Parmesan
125 g kalte Butter, gewürfelt
100 ml Milch
80 g entsteinte schwarze Oliven (Glas)

Zubereitungszeit:
15 Min.
Kühlzeit:
45 Min.
Backzeit:
12 Min.

Nährwerte pro Stück:
82 kcal, 343 kJ,
2 g EW, 5 g F, 7 g KH

1 Mehl, Salz, Backpulver und Zucker in eine Rührschüssel geben und vermischen. Parmesan reiben und mit Butter und Milch ebenfalls in die Schüssel geben. Mit den Knethaken des Handrührgerätes gründlich verkneten.

2 Oliven hacken und unter die Masse kneten. Aus dem Teig 2 gleich große Rollen formen. In Folie einschlagen und für 45 Minuten in das Gefrierfach legen.

3 Den Backofen auf 180 Grad vorheizen. Ein Backblech mit Backpapier belegen. Teigrollen aus dem Gefrierfach nehmen und in ca. 5 cm dicke Scheiben schneiden. Auf dem Backblech verteilen.

4 Das Blech in den Ofen schieben und die Kekse 10–12 Minuten backen. Anschließend herausnehmen und abkühlen lassen.

TIPP

Wegen der Oliven sollten die Kekse nicht länger als 3 Tage aufbewahrt werden. Verschenken Sie sie in einer hübschen Box verpackt oder in durchsichtige Folie gehüllt, die dann mit einem schönen Geschenkband verschlossen wird. Zusätzlich können Sie das Rezept noch mit einer Holzklammer daran befestigen.

Cracker mit Norialgen

Für ca. 30 Stück:
3 Noriblätter
200 g Mehl
½ TL Salz
25 g Butter
120 ml fettarme Milch

Zubereitungszeit:
20 Min.
Backzeit:
10 Min.

Nährwerte pro Stück:
30 kcal, 126 kJ,
1 g EW, 1 g F, 5 g KH

1 Backofen auf 200 Grad vorheizen. Ein Stück Backpapier in der Größe eines Backblechs zurechtschneiden. Norialgenblätter mit einem Messer oder im Mixer fein hacken. Einen kleinen Teil davon beiseitelegen.

2 Mehl und gehackte Algen in einer Rührschüssel mischen. Salz und Butter dazugeben und mit den Knethaken eines Handrührgerätes vermischen. Die Milch nach und nach einlaufen lassen und das Ganze zu einem homogenen Teig verkneten.

3 Den Teig auf dem Backpapier 1–2 mm dick ausrollen und in Streifen von ca. 3 cm x 12 cm schneiden. Dann das Backpapier mit den Teigstreifen auf ein Backblech ziehen. In den heißen Ofen schieben und ca. 10 Minuten backen.

4 Nach Ende der Backzeit das Blech aus dem Ofen nehmen und Cracker etwas abkühlen lassen. Dann mit den beiseitegelegten Algen bestreuen und vollständig auskühlen lassen. Kühl und trocken aufbewahren.

TIPP

Zum Verpacken eignen sich hier besonders stabile Boxen in der Länge der Cracker. So vermeiden Sie, dass diese leckeren Knabbereien unterwegs zerbrechen. Besonders passend sind hier asiatische Motive für Box und mögliche Schleifen.

Käsestangen

Für ca. 20 Stück:
300 g TK-Blätterteig
Mehl für die Arbeitsfläche
100 g Gouda
Pfeffer aus der Mühle
1 Eigelb

Zubereitungszeit:
30 Min.
Backzeit:
15 Min.

Nährwerte pro Stück:
84 kcal, 351 kJ,
2 g EW, 7 g F, 4 g KH

1 Den Backofen auf 225 Grad vorheizen. Den Blätterteig nach Packungsanweisung auftauen lassen.

2 Die Teigplatten an den Rändern mit Wasser einstreichen. Auf einer bemehlten Arbeitsfläche leicht überlappend zu einem ca. 40 cm x 40 cm großen Quadrat ausrollen.

3 Gouda fein reiben. Mit etwas frisch gemahlenem Pfeffer auf eine Teighälfte streuen, die andere Teighälfte darüberklappen. Mehrmals mit dem Nudelholz darüberrollen.

4 Den Teig mit einem Teigrädchen in 20 ca. 2 cm breite Streifen schneiden. Dann jeden Teigstreifen spiralförmig verdrehen. Eigelb verquirlen und die Käsespiralen damit bestreichen.

5 Ein Backblech mit Backpapier auslegen. Käsespiralen daraufsetzen und in den heißen Ofen schieben. Ca. 15 Minuten goldgelb backen. Anschließend Blech herausnehmen, Käsestangen auskühlen lassen und dann luftdicht verpackt lagern.

VARIANTE

Die Käsestangen lassen sich, nachdem sie mit dem Eigelb bestrichen wurden, beliebig bestreuen. Hat der Beschenkte eine Vorliebe für Scharfes? Dann einfach etwas Chilipulver darüberstäuben. Oder soll es mal etwas exotisch sein, leicht mit Curry bestreuen. Auch Paprikapulver oder mal Sesamkörner passen hervorragend. Lassen Sie Ihrer Fantasie freien Lauf!

Nussbrot

Für 2 Brote:
500 g fein gemahlenes Dinkelvollkornmehl (alternativ Weizenvollkornmehl)
1 Würfel frische Hefe (42 g)
250 ml lauwarme Milch
1 Ei
1 TL Honig
60 g weiches Butterschmalz (z. B. von Butaris)
2 große Zwiebeln
1 Bd. Salbei
100 g Walnüsse
Salz
schwarzer Pfeffer, grob gemahlen

Zubereitungszeit:
40 Min.
Gehzeit:
30 Min.
Backzeit:
15 Min.

Nährwerte pro Brot:
1500 kcal, 6276 kJ,
49 g EW, 66 g F, 177 g KH

1 Mehl in eine Rührschüssel geben. Eine Mulde hineindrücken und die zerbröckelte Hefe hineingeben. Lauwarme Milch, Ei, Honig und 2 EL Butterschmalz dazugeben. Das Ganze zu einem geschmeidigen, weichen Teig kneten und diesen an einem warmen Ort 20 Minuten gehen lassen.

2 In der Zwischenzeit den Backofen auf 200 Grad vorheizen. Ein Backblech mit Backpapier auslegen. Zwiebeln abziehen und hacken. Salbei abbrausen, trocken tupfen und die Blätter fein schneiden. Walnüsse grob hacken.

3 Übriges Butterschmalz in einer Pfanne erhitzen und Zwiebeln mit Salbei darin anschwitzen. Gehackte Nüsse dazugeben und kräftig mit Salz und grob gemahlenem Pfeffer abschmecken.

4 Teig in 2 gleich große Stücke teilen. Jedes Teigstück ca. 1 cm dick ausrollen. Mit der Nussmasse (die gerne noch warm sein darf, dann geht der Teig besser auf) bestreuen und den Teig zu Baguettes aufrollen.

5 Die Baguettes auf das mit Backpapier belegte Blech legen und nochmals ca. 10 Minuten gehen lassen. Danach in den Ofen schieben und auf der mittleren Schiene ca. 15 Minuten backen.

TIPP

Nussbrot passt wunderbar zu Wein, Käse und Salat, ist also ein perfektes Geschenk für Liebhaber der mediterranen Küche.
Sollten Sie keine Walnüsse zur Hand haben, können Sie natürlich auch andere Nüsse verwenden. Versuchen Sie es doch mal mit Haselnüssen oder Mandeln.

Rosmarinbrot mit Meersalz

Für ca. 12 Stück:
Für den Hefeteig:
½ Würfel frische Hefe (21 g)
400 g Mehl
½ TL Salz
50 ml Olivenöl
4 Zweige Rosmarin
Mehl für die Arbeitsfläche
1 TL abgeriebene Zitronenschale (unbehandelt)
Außerdem:
Olivenöl zum Beträufeln
grobes Meersalz

Zubereitungszeit:
30 Min.
Gehzeit:
1 Std.
Backzeit:
30 Min.

Nährwerte pro Stück:
161 kcal, 674 kJ,
4 g EW, 5 g F, 24 g KH

1 Für den Teig Hefe zerbröckeln und in eine Rührschüssel geben. Mit 200 ml lauwarmem Wasser verrühren. Mehl mit Salz in einer Schüssel mischen.

2 Die aufgelöste Hefe mit dem Olivenöl zum Mehl geben. Alles mit den Knethaken des elektrischen Handrührgerätes zu einem geschmeidigen Teig verkneten. Zudecken und an einem warmen Ort ca. 45 Minuten, bis sich das Volumen verdoppelt hat, gehen lassen.

3 Backofen auf 220 Grad vorheizen. Rosmarin kalt abbrausen, trocken schütteln und die Nadeln abstreifen. Rosmarin grob hacken.

4 Hefeteig auf die bemehlte Arbeitsfläche geben und nochmals gut durchkneten. Dabei Rosmarin und Zitronenschale unterarbeiten. Anschließend den Teig ca. 1 cm dick ausrollen und in ca. 12 je 15 cm lange Streifen schneiden. Diese ineinander verdrehen.

5 Ein Backblech mit Backpapier auslegen. Die Rosmarinbrote darauflegen und nochmals ca. 15 Minuten gehen lassen.

6 Nach Ende der Gehzeit die Brote mit Olivenöl beträufeln und mit Meersalz bestreuen. In den heißen Backofen schieben und in 25 – 30 Minuten goldbraun backen.

TIPP

Sehr hübsch sehen die Brote aus, wenn Sie sie mit Rosmarinzweigen garnieren, in kleine Dekometalleimer geben und diese dann in Folie verpacken und mit einem schönen Geschenkband verschließen.

Pikantes Knabbergebäck

Für ca. 80 Stück:
150 g weiche Butter
180 g Gruyère, gerieben
125 g Sahne
½ TL Salz
1 Msp. Muskatnuss, frisch gerieben
½ TL Backpulver
250 g Mehl
Mehl für die Arbeitsfläche
2 Eigelb
gehackte Mandeln
Pistazienkerne
Mohn
Kümmel

Zubereitungszeit:
40 Min.
Ruhezeit:
2 Std.
Backzeit:
15 Min.

Nährwerte pro Stück:
45 kcal, 190 kJ,
1 g EW, 5 g F, 3 g KH

1 Butter mit Käse in einer Schüssel verrühren. Sahne, Salz und Muskat unterrühren. Backpulver mit Mehl mischen, darübersieben und unterkneten. Teig halbieren, in Folie wickeln. 2 Stunden kühl ruhen lassen.

2 2 Bleche mit Backpapier auslegen. Backofen auf 200 Grad vorheizen. Teigportionen aus der Folie nehmen, auf einer bemehlten Fläche 5 mm dick ausrollen und Plätzchen ausstechen. Diese auf die vorbereiteten Bleche setzen.

3 Eigelb mit 1 EL Wasser verquirlen. Plätzchen damit bestreichen. Beliebig mit Nüssen, Mohn und Kümmel bestreuen. Im heißen Ofen 10–15 Minuten backen. Anschließend herausnehmen, die Kekse kurz ausdampfen lassen und vorsichtig auf ein Kuchengitter heben. Vollständig auskühlen lassen.

Kringel mit Mohn und Sesam

Für 9 Stück:
450 g Weizenmehl (Type 1050)
1 Würfel frische Hefe (42 g)
1 TL Zucker
1 TL Salz
50 g weiche Butter
Fett für die Bleche
4 EL Kondensmilch
30 g Sesamsamen
30 g Mohn

Zubereitungszeit:
20 Min.
Ruhezeit:
1 Std. 25 Min.
Backzeit:
30 Min.

Nährwerte pro Stück:
249 kcal, 1042 kJ,
8 g EW, 8 g F, 36 g KH

1 Mehl in eine Schüssel geben und in die Mitte eine Mulde drücken. Hefe und Zucker in 125 ml lauwarmem Wasser auflösen und in die Mulde gießen. Mit etwas Mehl vermischen und zugedeckt an einem warmen Ort 10 Minuten ruhen lassen.

2 Salz auf den Mehlrand streuen, die Butter in Flöckchen hinzufügen und alles verrühren, dabei 125 ml Wasser zugießen. Mit den Knethaken des Handrührgerätes 4–5 Minuten durchkneten, dann zugedeckt an einem warmen Ort 1 Stunde gehen lassen.

3 2 Backbleche einfetten. Den Teig nochmals durchkneten, zu einer Rolle formen und in 9 gleich große Portionen teilen. Diese zu 30–35 cm langen Rollen formen und zu Kringeln zusammenlegen.

4 Die Enden fest zusammendrücken und die Kringel auf die vorbereiteten Backbleche setzen. Die Oberseite der Kringel mit Kondensmilch bestreichen und jeweils 3 mit Sesam und Mohn bestreuen; 3 bleiben unbestreut.

5 Backofen auf 225 Grad vorheizen. Die Kringel noch weitere 15 Minuten gehen lassen, dann die Backbleche nacheinander auf die mittlere Schiene des Backofens geben. Die Kringel in 25–30 Minuten hellbraun backen.

Pikante Mandeln

Für 1 Portion à ca. 150 g:
1 EL Waldhonig (z. B. von Alnatura)
1 TL Sonnenblumenöl
1 TL Currypulver
1 TL Cayennepfeffer
1 Prise Meersalz
150 g ganze Mandeln

Zubereitungszeit:
15 Min.
Backzeit:
7 Min.

Nährwerte pro Portion:
961 kcal, 4021 kJ, 29 g EW, 87 g F, 17 g KH

1 Backofen auf 200 Grad vorheizen. Honig mit Sonnenblumenöl, 1 TL Wasser, Currypulver, Cayennepfeffer und Meersalz in eine Schüssel geben. Das Ganze mit einem Schneebesen zu einer Marinade verrühren.

2 Ein Backblech mit Backpapier belegen. Mandeln in die Marinade geben und gründlich vermischen, sodass die Mandeln vollständig damit umhüllt sind.

3 Mandeln auf dem Backblech verteilen. Auf der mittleren Schiene des Backofens 6–7 Minuten backen. Dabei ab und zu wenden.

4 Die pikanten Mandeln aus dem Ofen nehmen und vollständig auskühlen lassen. Dann in einer fest verschließbaren Dose trocken aufbewahren.

TIPP

Variieren Sie die Gewürze, auch Chilipulver oder Zimt schmecken toll.
Zum Verschenken eignen sich neben hübschen Boxen aus Blech oder Papier auch bunt bedruckte Papiertüten.

Tomatenmuffins mit Zwiebeln und Basilikum

Für 12 Stück:
4 Stängel Basilikum
350 g reife Cocktailtomaten
75 g Parmesan
1 Zwiebel
20 g Butter
80 ml Olivenöl
250 g Magerquark
75 ml Milch
2 Eier
300 g Mehl
2 TL Backpulver

Zubereitungszeit:
25 Min.
Backzeit:
25 Min.

Nährwerte pro Stück:
142 kcal, 594 kJ, 7 g EW, 12 g F, 3 g KH

1 Backofen auf 200 Grad vorheizen. Eine Muffinform mit bunten Papierförmchen auslegen. Basilikum kalt abbrausen, trocken tupfen und die Blätter von den Stängeln zupfen. Basilikumblätter in dünne Streifen schneiden.

2 Cocktailtomaten waschen, trocken tupfen und halbieren. Den Parmesan reiben. Zwiebel abziehen und würfeln. Butter in einer Pfanne zerlassen und die Zwiebelwürfel darin glasig anschwitzen.

3 Olivenöl, Quark, Milch, Eier und den geriebenen Parmesan zu einem glatten Teig verrühren. Mehl, Backpulver und Basilikum mischen und in die Quarkmischung einrühren.

4 Tomaten und Zwiebelwürfel vorsichtig unter den Teig heben. Teig in die Papierförmchen füllen. In den heißen Backofen schieben und 25 Minuten backen.

5 Nach Ende der Backzeit Blech aus dem Ofen nehmen. Muffins kurz in der Form ruhen lassen, dann herausnehmen und vor dem Verpacken auf einem Kuchengitter auskühlen lassen.

TIPP

Damit die Muffins beim Transportieren nicht in Mitleidenschaft gezogen werden, sollten sie am besten in einer festen Pappschachtel oder Dose verpackt werden. Verzieren Sie diese Verpackung dann noch mit einer Rispe Tomaten oder einem grünen Kräuterstrauß.

Blätterteigröllchen mit Schinken und Käse

Für ca. 24 Stück:
300 g TK-Blätterteig
60 g Emmentaler
80 g Schinkenwürfel
1 Eigelb
50 g Sesamsamen
50 g Mohn

Zubereitungszeit:
20 Min.
Ruhezeit:
30 Min.
Backzeit:
15 Min.

Nährwerte pro Stück:
97 kcal, 406 kJ,
5 g EW, 16 g F, 8 g KH

1 Den Blätterteig auftauen lassen. Anschließend den Teig halbieren und zu 2 Rechtecken mit je 10 cm x 20 cm Kantenlänge ausrollen.

2 Emmentaler auf einer Küchenreibe raspeln. Beide Teige mit Käse und Schinkenwürfeln bestreuen und über die längere Seite einrollen.

3 Eigelb mit 1 EL Wasser verquirlen und die beiden Rollen damit rundum einpinseln. Eine der Rollen in Sesam, die andere in Mohn wälzen. 30 Minuten im Kühlschrank ruhen lassen.

4 Den Backofen auf 200 Grad vorheizen. Ein Backblech mit Backpapier auslegen. Die Blätterteigrollen in 1,5 – 2 cm dicke Scheiben schneiden und diese auf das Blech legen.

5 In den heißen Backofen schieben und die Röllchen 15 Minuten backen. Anschließend aus dem Ofen nehmen und die Blätterteigröllchen vor dem Verpacken auskühlen lassen.

VARIANTE

Einen mediterranen Geschmack bekommen die Röllchen, wenn Sie auf den Blätterteig zuerst passierte oder in Öl eingelegte gehackte Tomaten und etwas Oregano und Thymian geben.

Käsetaler

Für ca. 60 Stück:
Für die Taler:
125 g Margarine
1 Ei
200 g Gruyère, gerieben
125 ml Cremefine zum Kochen
1 TL Salz
1 TL Paprikapulver
250 g Mehl
1 gestr. TL Backpulver
Mehl für die Arbeitsfläche
Für den Belag:
1 Eigelb, verquirlt
Mohn
Kümmel
Sesam
Mandeln oder Pistazien, gehackt
grobes Salz

Zubereitungszeit:
30 Min.
Ruhezeit:
1 Std.
Backzeit:
20 Min.

Nährwerte pro Stück:
46 kcal, 192 kJ, 2 g EW, 3 g F, 3 g KH

1 Margarine mit Ei, Käse und Cremefine in eine Rührschüssel geben. Mit Salz und Paprikapulver würzen. Das Ganze mit den Knethaken des Handrührgerätes gründlich verkneten.

2 Mehl und Backpulver mischen und sieben. Zum Teig geben und rasch unterkneten. Dann den Teig in Klarsichtfolie wickeln und für ca. 1 Stunde im Kühlschrank ruhen lassen.

3 Backofen auf 200 Grad vorheizen. Teig auf einer bemehlten Arbeitsfläche ca. 6 mm dick ausrollen. Mit einem runden Ausstecher (6 cm Durchmesser) oder einem Glas Kreise ausstechen.

4 Teigkreise auf ein mit Backpapier ausgelegtes Backblech legen. Mit Eigelb bestreichen und nach Belieben jeweils mit Mohn, Kümmel, Sesam, Mandeln oder Pistazien sowie grobem Salz bestreuen.

5 Käsetaler in den heißen Backofen schieben und auf der mittleren Schiene in ca. 20 Minuten goldbraun backen. Anschließend herausnehmen und auskühlen lassen.

BEILAGE

Schenken Sie zu diesen leckeren Käsetalern z. B. ein grünes Pesto oder leckere Kaperntapenade. Köstliche Rezepte hierfür finden Sie auf S. 90 und S. 91.

Maya-Walnuss-Snack

Für 4 Personen:
2 EL Butter
2 TL Zimt
½ TL Cayennepfeffer
200 g kalifornische Walnüsse
2 EL brauner Rohrzucker
1 EL Kakaopulver

Zubereitungszeit:
20 Min.
Backzeit:
40 Min.

Nährwerte pro Person:
371 kcal, 1551 kJ,
8 g EW, 34 g F, 11 g KH

1 Den Backofen auf 100 Grad vorheizen. Ein Backblech mit Backpapier auslegen.

2 Butter in einer beschichteten Pfanne erhitzen und schmelzen. Zimt und Cayennepfeffer zugeben und verrühren. Die Walnüsse in die Pfanne geben und untermischen, bis die Nüsse mit der gewürzten Butter bedeckt sind.

3 Den braunen Rohrzucker über die Walnüsse streuen. In der Pfanne das Ganze nochmals gründlich durchmischen.

4 Die Walnüsse auf dem vorbereiteten Backblech verteilen. In den heißen Ofen schieben und auf der mittleren Schiene 30–40 Minuten rösten. Dabei die Nüsse alle 15 Minuten wenden. Die Walnüsse sind fertig, wenn sie goldbraun geröstet sind.

5 Nach Ende der Backzeit das Blech aus dem Ofen nehmen. Kakaopulver durch ein feines Sieb über die noch warmen Walnüsse stäuben, die Nüsse dabei wenden. Maya-Walnuss-Snack auf dem Blech vollständig auskühlen lassen.

TIPP
Die Walnüsse bleiben in einer luftdicht verschließbaren Dose, die an einem kühlen und trockenen Ort gelagert wird, ca. 5 Tage frisch und knackig.

Kreolische Muffins

Für 12 Stück:
150 g Butter
2 Eier
350 ml Milch
je ½ kleine rote und grüne Paprikaschote
1 kleine Zwiebel
100 g Käse
300 g Mehl
½ TL Salz
2 EL Backpulver
2 EL Zucker
2 EL Maismehl
1 TL Chilipulver

Zubereitungszeit:
25 Min.
Backzeit:
30 Min.

Nährwerte pro Stück:
190 kcal, 790 kJ,
5 g EW, 10 g F, 17 g KH

1 Butter zerlassen und mit Eiern sowie Milch in einer hohen Schüssel cremig schlagen. Paprikaschoten putzen und waschen, Zwiebel schälen.

2 Paprika und Zwiebel fein würfeln. Käse reiben, mit Gemüse, Mehl, Salz, Backpulver, Zucker, Maismehl und Chilipulver in einer zweiten Schüssel mischen. Die flüssige Mischung zur Mehlmischung geben und alles verrühren, bis alle Zutaten gerade miteinander vermengt sind.

3 Backofen auf 200 Grad vorheizen. Papierförmchen in die Vertiefungen des Muffinblechs setzen. Die Mulden zu ca. zwei Dritteln mit Teig füllen.

4 Das Blech in den heißen Ofen schieben. Muffins 25–30 Minuten backen, bis sie oben aufreißen.

5 Blech aus dem Ofen nehmen und die Muffins 5 Minuten ruhen lassen. Dann aus den Förmchen lösen und auf einem Gitter abkühlen lassen.

Pesto-Ziegenkäse-Muffins

Für 12 Stück:
Fett für die Form
50 g Walnusskerne
5 Stängel Basilikum
100 g Ziegenkäserolle
250 g Mehl
2 ½ TL Backpulver
1 Ei
60 g Margarine
2 geh. TL Pesto (Glas)
250 ml Buttermilch

Zubereitungszeit:
25 Min.
Backzeit:
30 Min.

Nährwerte pro Stück:
177 kcal, 737 kJ,
6 g EW, 10 g F, 16 g KH

1 Muffinform einfetten und in den Kühlschrank stellen oder Papierförmchen in die Vertiefungen setzen. Backofen auf 180 Grad vorheizen.

2 Walnusskerne grob hacken. Basilikum waschen, trocken schütteln, Blättchen von den Stängeln zupfen und klein schneiden. Ziegenkäse in Würfel schneiden.

3 Mehl mit Backpulver mischen. In einer zweiten Schüssel Ei, Margarine, Pesto, Basilikum und Buttermilch mit dem Schneebesen gut verrühren. Mehlmischung und Ziegenkäse unterrühren und Walnusskerne unterheben.

4 Die Muffinmulden zu ca. zwei Dritteln mit Teig füllen. Im vorgeheizten Backofen auf der mittleren Schiene ca. 30 Minuten backen. Nach Ende der Backzeit die Pesto-Ziegenkäse-Muffins im Blech ca. 5 Minuten ruhen lassen, dann herausnehmen und auf ein Kuchengitter geben. Vor dem Verpacken vollständig auskühlen lassen.

KONFITÜRE, KOMPOTT & MEHR

Erdbeerkonfitüre *(Abb. S. 65)*

Für 2 Gläser à
ca. 300 ml:
500 g reife Erdbeeren
2 EL Zitronensaft
250 g Gelierzucker 2:1

Zubereitungszeit:
30 Min.
Ziehzeit:
1 Std.

Nährwerte pro Glas:
642 kcal, 2686 kJ,
3 g EW, 2 g F, 149 g KH

1 Erdbeeren verlesen, kurz kalt abbrausen und in einem Küchensieb abtropfen lassen. Die Blättchen entfernen und Erdbeeren halbieren oder vierteln.

2 Erdbeeren mit einer Gabel oder einem Kartoffelstampfer zerdrücken. Mit Zitronensaft und Gelierzucker in einen großen Topf geben und vermengen. Deckel auflegen und das Ganze mindestens 1 Stunde Saft ziehen lassen.

3 2 Einmachgläser mit Bügelverschluss gründlich mit heißem Wasser reinigen und abtropfen lassen. In der Zwischenzeit die Fruchtmasse bei starker Hitze unter ständigem Rühren aufkochen und 3 Minuten sprudelnd kochen lassen. Die Gelierprobe machen und die Konfitüre abschäumen.

4 Die Erdbeerkonfitüre sofort randvoll in die vorbereiteten Gläser füllen und fest verschließen. Gläser 5 Minuten auf den Deckel stellen, dann umdrehen und abkühlen lassen. An einem trockenen Ort kühl und dunkel lagern.

VARIANTE

Erdbeerkonfitüre lässt sich wunderbar variieren. Eine feine aromatische Note bekommt sie, wenn man 20 große, in feine Streifen geschnittene Basilikumblätter nach dem Abschäumen unter die Erdbeerkonfitüre rührt. Oder wie wäre es mit einer pikanten Variante? Dafür 4 TL eingelegte grüne Pfefferkörner aus dem Glas abspülen, in einem Sieb abtropfen lassen und ganz fein hacken; danach unter die noch warme Konfitüre rühren.

Dreifarbige Konfitüre

Für 6 Gläser à
ca. 450 ml:
500 g Schwarze Johannisbeeren
1 ½ kg Gelierzucker
9 EL Zitronensaft
3 EL Cassislikör
500 g Aprikosen
3 EL weißer Rum
500 g Himbeeren
3 EL Himbeergeist

Zubereitungszeit:
50 Min.
Ziehzeit:
3 Std.

Nährwerte pro Glas:
211 kcal, 883 kJ,
1 g EW, 0 g F, 48 g KH

1 Johannisbeeren waschen, verlesen und mit 500 g Gelierzucker, 3 EL Zitronensaft und Cassislikör in einem Topf vermengen. Alles zugedeckt 1 Stunde ziehen lassen.

2 Aprikosen waschen, halbieren, entsteinen und in kleine Stücke schneiden. Die Aprikosenstücke mit 500 g Gelierzucker, 3 EL Zitronensaft und dem weißen Rum mischen. Alles zugedeckt ca. 2 Stunden ziehen lassen.

3 Himbeeren vorsichtig waschen, abtropfen lassen und verlesen. Diese mit dem restlichem Gelierzucker, restlichem Zitronensaft und dem Himbeergeist verrühren. Früchte zugedeckt ca. 3 Stunden ziehen lassen.

4 In der Zwischenzeit 6 Gläser und Deckel mit heißem Wasser gründlich ausspülen. Die Johannisbeermischung 2 – 3 Minuten sprudelnd kochen. Konfitüre auf die Gläser verteilen, dabei die Gläser nur zu einem Drittel füllen. Konfitüre abkühlen und fest werden lassen.

5 Aprikosenmischung 2 – 3 Minuten sprudelnd kochen, auf die fest gewordene Johannisbeerschicht füllen und abkühlen lassen.

6 Dann die Himbeermischung 2 – 3 Minuten sprudelnd aufkochen und auf der fest gewordenen Aprikosenschicht verteilen. Gläser gut verschließen, kurz auf die Deckel stellen und Konfitüre abkühlen lassen.

TIPP

Diese dekorative Konfitüre ist ein ideales Mitbringsel zu einer Frühstücks- oder Bruncheinladung!

Rote-Grütze-Konfitüre

Für 5 Gläser à ca. 200 ml:
300 g Sauerkirschen
je 300 g Rote und Schwarze Johannisbeeren
100 g Himbeeren
500 g Gelierzucker 2:1

Zubereitungszeit:
50 Min.

Nährwerte pro Glas:
509 kcal, 2130 kJ,
3 g EW, 1 g F, 118 g KH

1 Kirschen und Johannisbeeren getrennt voneinander waschen und abtropfen lassen. Himbeeren verlesen. Johannisbeeren von den Rispen streifen. Kirschen entsteinen. Die Hälfte der Kirschen halbieren, die übrigen pürieren.

2 5 Twist-off-Gläser gründlich reinigen und abtropfen lassen. Die Früchte in einem großen Topf mit Gelierzucker mischen. Die Frucht-Zucker-Mischung bei starker Hitze unter Rühren aufkochen und 3 Minuten sprudelnd kochen lassen.

3 Die Gelierprobe machen und die Konfitüre abschäumen. Sofort randvoll in die vorbereiteten Gläser füllen und diese fest verschließen. Gläser auf den Deckel stellen, dann umdrehen und abkühlen lassen. An einem dunklen und kühlen Ort aufbewahren.

VARIANTE

Rote-Grütze-Konfitüre können Sie auch mit anderen Früchten kochen, wobei immer ein Teil püriert werden sollte. Ersetzen Sie einfach eine Fruchtsorte durch klein gewürfelte Erdbeeren, Rhabarber oder Brombeeren. Die Sauerkirschen können Sie auch durch Süßkirschen ersetzen.

Weißweingelee mit Passionsfrucht

Für 4 Gläser à ca. 250 ml:
5 Passionsfrüchte oder Maracujas
750 ml halbtrockener Weißwein
400 g Gelierzucker 2:1

Zubereitungszeit:
25 Min.

Nährwerte pro Glas:
645 kcal, 2699 kJ, 3 g EW, 1 g F, 121 g KH

1 4 fest verschließbare Gläser gründlich mit heißem Wasser und Spülmittel reinigen. Danach auf einem sauberen Küchentuch gründlich trocknen lassen. Passionsfrüchte mit einem Messer halbieren und den Inhalt auskratzen.

2 Passionsfrucht mit dem Weißwein in einen Topf geben. Zucker einrühren, dann das Ganze zum Kochen bringen. 5 Minuten sprudelnd kochen lassen, danach die Gelierprobe machen.

3 Das Weißweingelee in die vorbereiteten Gläser füllen. Diese fest verschließen und einige Minuten auf den Deckel stellen. Dann während der Abkühlzeit die Gläser ab und zu drehen, damit sich die Kerne der Passionsfrucht verteilen. Kühl und dunkel aufbewahren.

TIPP

Beim Kauf der Passionsfrüchte sollten Sie darauf achten, möglichst keine grünen, d. h. unreifen Exemplare zu kaufen, sondern die violetten und damit reifen. Richtig reif sind die Früchte, wenn die Schale schrumpelig aussieht.

Holundergelee

(Abb.)

Für 4 Gläser à ca. 500 ml:
500 ml Holundersaft
500 ml Apfelsaft
1 kg Gelierzucker

Zubereitungszeit:
15 Min.

Nährwerte pro Glas:
224 kcal, 950 kJ,
0 g EW, 0 g F, 55 g KH

1 Holunder- und Apfelsaft mit Gelierzucker in einen Topf geben und verrühren. Dann das Ganze zum Kochen bringen und 5 Minuten sprudelnd kochen lassen.

2 Die Konfitüre abschäumen, in vorbereitete Gläser füllen und sofort mit Schraubdeckeln fest verschließen. Dann umdrehen und ca. 5 Minuten auf dem Deckel stehen lassen.

Brombeerkonfitüre

Für 4 Gläser à ca. 250 ml:
1 kg Brombeeren
1 kg Gelierzucker
Saft und Schale von
1 Zitrone (unbehandelt)

Zubereitungszeit:
30 Min.
Ziehzeit:
12 Std.

Nährwerte pro Glas:
427 kcal, 1793 kJ,
10 g EW, 23 g F, 45 g KH

1 Brombeeren kalt waschen, in einem Sieb abtropfen lassen und verlesen. Dann mit dem Zucker in einem Topf vermischen und zugedeckt über Nacht ziehen lassen.

2 Zitronensaft und -schale zu den Beeren geben. Alles kurz aufkochen lassen und die Schale wieder entfernen.

3 Die heiße Konfitüre in vorbereitete Gläser füllen, fest verschließen und 5 Minuten auf den Deckel stellen. Danach umdrehen und auskühlen lassen.

Ingwer-Apfel-Aufstrich

Für 6 Gläser à ca. 250 ml:
150 g frische Ingwerwurzel
3 Zitronen (unbehandelt)
1 Orange (unbehandelt)
1,4 kg Kochäpfel
600 ml Apfelsaft
1 kg Zucker

Zubereitungszeit:
40 Min.
Garzeit:
1 Std. 20 Min.

Nährwerte pro Glas:
898 kcal, 3757 kJ, 2 g EW, 2 g F, 212 g KH

1 Ingwerwurzel schälen und in grobe Stücke schneiden. Zitronen sowie Orange heiß waschen und trocken reiben. Dann beides ebenfalls in grobe Stücke schneiden. Die Äpfel waschen, vierteln und von den Kernhäusern befreien.

2 Ingwer und Früchte in eine Rührschüssel geben und mit dem Pürierstab zerkleinern oder das Ganze mit einem Messer klein schneiden. Dann alles in einen ausreichend großen Topf geben und 600 ml Wasser angießen.

3 Die Fruchtmasse aufkochen, dann die Temperatur reduzieren. Deckel auflegen und alles ca. 1 Stunde leise köcheln lassen. Dabei ab und zu umrühren, damit das Ganze nicht ansetzt. Anschließend die Apfelmischung durch ein Sieb streichen. Den Topf reinigen und die Äpfel wieder hineingeben.

4 Apfelsaft angießen und Zucker einstreuen. Die Masse erhitzen und so lange rühren, bis sich der Zucker vollständig aufgelöst hat. Aufkochen, Hitze nur so weit reduzieren, dass die Apfelmischung stetig sprudelt. Ca. 20 Minuten kochen. Gelegentlich umrühren, damit die Fruchtmasse nicht ansetzt.

5 Inzwischen 6 fest verschließbare Gläser gründlich reinigen und abtropfen lassen. Ingwer-Apfel-Aufstrich in die vorbereiteten Gläser füllen. Diese rasch fest verschließen, umdrehen und auskühlen lassen.

TIPP

Wenn Sie Gelierzucker 2:1 verwenden, reduziert sich die Zuckermenge um die Hälfte.

Quittengelee

Für 3 Gläser à ca. 250 ml:
3 Quitten
1 Vanilleschote
500 g Gelierzucker 2:1
(z. B. von SweetFamily)

Zubereitungszeit:
20 Min.
Garzeit:
40 Min.

Nährwerte pro Glas:
462 kcal, 1933 kJ,
1 g EW, 1 g F, 110 g KH

1 Quitten waschen, vierteln und mit ca. 1 l Wasser in einen Topf geben. Die Früchte sollten dabei nicht völlig mit Wasser bedeckt sein.

2 Das Wasser zum Kochen bringen. Quitten 30–40 Minuten bzw. so lange kochen, bis sie weich sind. In der Zwischenzeit 3 fest verschließbare Gläser gründlich reinigen und abtropfen lassen.

3 Vanilleschote längs aufschneiden und das Mark herauskratzen. 750 ml des gewonnenen Quittensafts abmessen und Vanillemark mit dem Gelierzucker dazugeben.

4 Das Ganze nochmals aufkochen und 3 Minuten sprudelnd kochen lassen. In die vorbereiteten Gläser füllen, diese gut verschließen und für ca. 5 Minuten auf den Kopf stellen. Vor dem Verzehr abkühlen lassen, am besten über Nacht.

VARIANTE
Sollten Sie keine frischen Quitten bekommen, können Sie auch 750 ml Quittensaft verwenden.

Aprikosen-Mandel-Konfitüre mit Lavendel

Für 4 Gläser à ca. 200 ml:
1 ½ kg Aprikosen
200 g gestiftelte Mandeln
100 g Honig
¼ TL getrocknete Lavendelblüten
500 g Gelierzucker 1:1
(z. B. von SweetFamily)

Zubereitungszeit:
30 Min.

Nährwerte pro Glas:
352 kcal, 1473 kJ,
5 g EW, 10 g F, 60 g KH

1 4 fest verschließbare Twist-off-Gläser gründlich mit heißem Wasser und Spülmittel reinigen und auf einem sauberen Küchentuch abtropfen lassen. Aprikosen waschen, abtropfen lassen und entsteinen.

2 Aprikosenfruchtfleisch in einen ausreichend großen Topf geben und mit Mandeln, Honig und Lavendelblüten vermengen. Gelierzucker unterrühren. Das Ganze aufkochen und ca. 4 Minuten sprudelnd kochen lassen.

3 Aprikosen-Mandel-Konfitüre in die vorbereiteten Gläser füllen. Diese fest verschließen und auf den Deckel stellen. Etwas auskühlen lassen und dann wieder umdrehen.

TIPP

Achten Sie darauf, dass Sie die Gläser gründlich reinigen, um Verunreinigungen und Schimmelbildung zu vermeiden.
Diese Konfitüre hält sich bis zu 2 Jahre. Lagern Sie sie nach Möglichkeit an einem dunklen und nicht zu warmen Ort.

Apfel-Rosen-Gelee mit Safranfäden

Für 6 Gläser à ca. 200 ml:
500 g Gelierzucker extra 2:1
750 ml klarer Bio-Apfelsaft
18 Rosenblätter (Feinkost- oder Delikatessenabteilung)
0,1 g Safran in Fäden (1 Döschen, z. B. von Fuchs)
3 TL Rosenwasser (Apotheke)

Zubereitungszeit:
20 Min.

Nährwerte pro Glas:
391 kcal, 1636 kJ, 1 g EW, 0 g F, 96 g KH

1 6 Twist-off-Gläser und deren Deckel gründlich mit heißem Wasser und Spülmittel reinigen. Anschließend auf einem sauberen Küchenhandtuch trocknen lassen.

2 Gelierzucker und Apfelsaft in einen großen Topf geben und verrühren. Dann das Ganze unter Rühren aufkochen und 3 Minuten sprudelnd kochen lassen.

3 Je 3 Rosenblätter, 5 Safranfäden und ½ TL Rosenwasser in 1 Glas geben. Das Apfelgelee heiß aufgießen. Gläser mit den Deckeln fest verschließen, auf den Kopf stellen und ca. 5 Minuten ruhen lassen.

4 Danach die Gläser in kurzen Abständen drehen, damit sich die Safranfäden und Rosenblätter gleichmäßig verteilen. An einem kühlen Ort dunkel und trocken aufbewahren.

TIPP

Die Rosenblätter können Sie auch ungespritzt aus dem eigenen Garten verwenden.
Zum Verschenken können Sie einen hübschen Seidenkrokus mit an das Glas binden.

Apfel-Birnen-Fruchtgenuss *(Abb. unten rechts)*

Für 4 Gläser à ca. 300 ml:
650 g Äpfel
650 g Birnen
Saft und abgeriebene Schale von 1 Zitrone (unbehandelt)
500 g Gelierzucker 3:1
5 Sternanise
4 cl Mandellikör

Zubereitungszeit:
25 Min.

Nährwerte pro Glas:
149 kcal, 634 kJ, 0 g EW, 0 g F, 35 g KH

1 Äpfel und Birnen schälen, halbieren, Kerngehäuse entfernen und Fruchtfleisch in kleine Würfel schneiden.

2 Obst mit Zitronensaft und -schale, Gelierzucker und Sternanisen in einem großen Topf auf großer Flamme aufkochen. Unter Rühren mindestens 3 Minuten sprudelnd kochen lassen. Dann Anise entfernen.

3 Mandellikör unterrühren. Die Konfitüre in vorbereitete, heiß ausgewaschene Gläser füllen, fest verschließen und anschließend für ca. 5 Minuten auf den Deckel stellen. Anschließend umdrehen, auskühlen lassen und kühl und trocken lagern.

Italienische Pflaumenkonfitüre *(Abb. oben links)*

Für 4 Gläser à ca. 300 g:
1,2 kg Pflaumen
175 g Honig
350 g Gelierzucker 3:1
1–2 Zimtstangen
100 ml heller Balsamico-Essig

Zubereitungszeit:
25 Min.

Nährwerte pro Glas:
139 kcal, 592 kJ, 0 g EW, 0 g F, 34 g KH

1 Pflaumen mit kaltem Wasser waschen und entsteinen. Das Fruchtfleisch in kleine Würfel schneiden und mit Honig, Zucker und Zimt in einem Topf gut vermischen.

2 Früchte auf großer Flamme zum Kochen bringen und ca. 3 Minuten sprudelnd kochen lassen. Essig angießen und die Zimtstangen entfernen.

3 Die Konfitüre in vorbereitete, heiß ausgespülte Gläser füllen. Die Gläser fest verschließen und dann für ca. 5 Minuten auf den Deckel stellen.

TIPP

Verwenden Sie für dieses Rezept am besten helle Pflaumen.

Kirschkonfitüre

Für 2 Gläser à ca. 350 ml:
1 Orange (unbehandelt)
ca. 500 g Sauerkirschen
100 ml Holundersaft
250 g Gelierzucker 2:1
1 Stiel Lavendelblüten (unbehandelt)

Zubereitungszeit:
45 Min.

Nährwerte pro Glas:
701 kcal, 2933 kJ,
4 g EW, 1 g F, 161 g KH

1 2 Einmachgläser mit Bügelverschluss gründlich mit heißem Wasser und Spülmittel reinigen. Auf einem sauberen Küchenhandtuch gut trocknen lassen.

2 Orange mit heißem Wasser waschen und trocken reiben. Die Schale fein abreiben und die Frucht auspressen.

3 Kirschen waschen und entsteinen. Eine Handvoll Kirschen beiseitelegen, den Rest in einen Topf geben. Diese Kirschen mit einem Stabmixer grob zerkleinern.

4 Orangenschale und -saft, Holundersaft sowie Gelierzucker mit in den Topf geben und unterrühren. Lavendelblüten vom Stiel zupfen und ebenfalls dazugeben. Die Masse zum Kochen bringen. 4 Minuten unter Rühren sprudelnd kochen lassen.

5 Kurz vor Ende der Garzeit die ganzen Kirschen einrühren. Dann die Konfitüre randvoll in die vorbereiteten Gläser füllen. Gläser fest verschließen und 5 Minuten auf den Deckel gewendet stehen lassen. Auskühlen lassen und an einem dunklen, trockenen Ort aufbewahren.

VARIANTE

Wer es etwas ausgefallener mag, kann noch Walnüsse zugeben. 50 g Walnusskerne nur ganz grob hacken und in einer Pfanne ohne Fettzugabe rösten. Dann mitkochen.

Himbeer-Aprikosen-Konfitüre

Für 4 Gläser à ca. 250 ml:
200 g Aprikosen
300 g Himbeeren
1 Vanilleschote
500 g Gelierzucker
2 EL Aprikosenlikör

Zubereitungszeit:
30 Min.

Nährwerte pro Glas:
224 kcal, 953 kJ,
1 g EW, 0 g F, 54 g KH

1 Die Aprikosen mit kochendem Wasser überbrühen, häuten und entsteinen. Fruchtfleisch in kleine Stücke schneiden. Himbeeren waschen und verlesen. Die Vanilleschote der Länge nach mit einem spitzen Messer aufschlitzen und Mark herauskratzen.

2 Gelierzucker, Vanillemark und Früchte in einer Schüssel vermischen. Konfitüre mit den Quirlen des Handrührgerätes dreimal ca. 5 Minuten durchrühren. Aprikosenlikör dazugeben und unterrühren.

3 Himbeer-Aprikosen-Konfitüre in gründlich gereinigte Gläser füllen. Fest verschließen.

TIPP
Gut gekühlt ist diese kalt gerührte Konfitüre 1 Monat haltbar.

Portweinbeeren

Für 5 Gläser à ca. 300 ml:
1 kg Erdbeeren
500 g Zucker
375 ml Weinbrand
100 ml Portwein

Zubereitungszeit:
40 Min.
Ziehzeit:
1 Std. + 5 Wochen

Nährwerte pro Glas:
227 kcal, 1157 kJ,
1 g EW, 0 g F, 47 g KH

1 Erdbeeren waschen, gut abtropfen lassen, evtl. trocken tupfen und entstielen. Beeren abwechselnd mit Zucker in vorbereitete Einmachgläser schichten und ca. 1 Stunde abgedeckt ziehen lassen.

2 Mit Weinbrand und Portwein auffüllen, Gläser gut verschließen und Früchte ca. 5 Wochen im Alkohol durchziehen lassen. Nach Belieben als Kompott zu Vanilleeis oder -pudding servieren.

Mirabellen in Armagnac

Für 7 Gläser à ca. 500 ml:
3 kg reife Mirabellen
400 g Gelierzucker
Armagnac

Zubereitungszeit:
20 Min.
Einmachzeit:
1 Std. 30 Min.

Nährwerte pro Glas:
118 kcal, 502 kJ,
1 g EW, 0 g F, 27 g KH

1 Früchte waschen, abtropfen lassen und entstielen. Mirabellen mit Gelierzucker schichtweise in vorbereitete Gläser füllen. So viel Armagnac angießen, dass die Früchte knapp bedeckt sind.

2 Gläser verschließen, in ein mit Wasser gefülltes Backblech stellen und bei 200 Grad ca. 1 Stunde im Backofen einmachen. Backofen abschalten und Gläser noch ca. 30 Minuten im geschlossenen Ofen stehen lassen.

3 Anschließend die Gläser aus dem Ofen nehmen und abkühlen lassen. An einem trockenen Ort kühl und dunkel lagern.

Sherry-Kirschen

Für 2 Gläser à
ca. 450 ml:
500 g Kirschen
400 ml trockener Sherry
175 g Zucker
1 Vanilleschote

Zubereitungszeit:
20 Min.
Ziehzeit:
1 Woche

Nährwerte pro Glas:
748 kcal, 3130 kJ,
3 g EW, 1 g F, 124 g KH

1 2 fest verschließbare Gläser mit Bügelverschluss gründlich mit heißem Wasser und Spülmittel reinigen. Auf einem sauberen Küchentuch abtropfen lassen.

2 Kirschen kalt waschen, in einem Sieb abtropfen lassen und nach Wunsch entsteinen. Sherry mit Zucker so lange verrühren, bis sich der Zucker vollständig aufgelöst hat.

3 Kirschen in die vorbereiteten Gläser füllen. Die Vanilleschote halbieren und je 1 Hälfte zwischen die Kirschen stecken. Dann die Gläser mit dem gesüßten Sherry auffüllen.

4 Die Gläser fest verschließen. Sherry-Kirschen an einem trockenen und dunklen Ort ca. 1 Woche ziehen lassen.

TIPP

Die Kirschen sollten vollständig mit dem Sherrysud bedeckt sein, um Schimmelbildung vorzubeugen. Daher sollten auch die Gläser sehr gut schließen.
Die Kirschen passen hervorragend zu Desserts wie Vanilleparfait oder -pudding.

Pflaumenkompott mit Orangen und Mandeln

Für 6 Personen:
600 g Pflaumen
120 g Zucker
3 Orangen
20 g gehobelte Mandeln

Zubereitungszeit:
20 Min.
Garzeit:
15 Min.

Nährwerte pro Person:
178 kcal, 745 kJ,
2 g EW, 2 g F, 36 g KH

1 Pflaumen waschen und trocken tupfen. Die Früchte halbieren, Kerne entfernen und Fruchtfleisch in Würfel schneiden. Mit dem Zucker vermengen.

2 2 Orangen so schälen, dass die weißen Häute mit entfernt werden. Dann die Filets aus den Zwischenhäuten lösen. Die dritte Orange halbieren und den Saft auspressen.

3 Fest verschließbare Gläser gründlich reinigen und trocknen lassen. Pflaumen mit dem Zucker in einen kleinen Topf geben. Orangensaft zugeben und das Ganze erhitzen. Unter Rühren 10 Minuten köcheln lassen.

4 Mandeln und Orangenfilets zu den Pflaumen geben. 5 Minuten weiter köcheln lassen und anschließend in die vorbereiteten Gläser füllen. Gläser fest verschließen, abkühlen lassen und zum Aufbewahren kalt stellen.

BEILAGE

Pflaumenkompott ist ein wahrer Klassiker und wird beispielsweise gerne zu Pfannkuchen, Waffeln oder Kaiserschmarrn serviert.

Eingekochte Pfirsiche

Für 4 Gläser à ca. 350 ml:

150 ml Pfirsichsaft
200 g Puderzucker
4 EL Zitronensaft, frisch gepresst
2 Zimtstangen
12 Weinbergpfirsiche

Zubereitungszeit: **25 Min.**
Garzeit: **15 Min.**

Nährwerte pro Glas: **345 kcal, 1443 kJ, 3 g EW, 0 g F, 81 g KH**

1 4 Einweckgläser mit Bügelverschluss gründlich mit heißem Wasser und Spülmittel reinigen. Anschließend auf einem sauberen Küchenhandtuch trocknen lassen.

2 Pfirsichsaft mit Puderzucker glatt rühren. 150 ml Wasser, Zitronensaft und Zimtstangen zugeben. Das Ganze aufkochen und 10 Minuten auf kleiner Flamme köcheln lassen.

3 In der Zwischenzeit Pfirsiche oben kreuzweise einritzen. Mit kochend heißem Wasser überbrühen, kalt abschrecken und häuten. Die Früchte halbieren, Kerne entfernen und Fruchtfleisch in Spalten schneiden. Auf die Gläser verteilen.

4 Zimtstangen aus dem Sirup nehmen. Pfirsiche mit dem Sirup aufgießen und Gläser verschließen. Ca. 2 Fingerbreit Wasser in einem großen Topf zum Kochen bringen, die Einmachgläschen hineinstellen und bei geschlossenem Deckel 15 Minuten einkochen.

5 Die Gläser anschließend vorsichtig aus dem Sud heben und auskühlen lassen. Dunkel und kühl gelagert aufbewahren.

VARIANTE

Eisenkraut passt auch sehr gut zu Pfirsichen. Dann die Zimtstangen weglassen und Eisenkraut in den heißen Sirup geben. 15 Minuten ziehen lassen und dann wieder herausnehmen.

Trockenfrüchte

Für 6 Personen:
500 g reife Aprikosen
500 g große Pflaumen
Saft von 2 Zitronen
6 reife Äpfel

Zubereitungszeit:
30 Min.
Trockenzeit:
90 Min.

Nährwerte pro Person:
143 kcal, 598 kJ,
2 g EW, 1 g F, 30 g KH

1 Den Backofen auf 50 Grad Umluft vorheizen. Aprikosen und Pflaumen waschen, trocken reiben, halbieren und von den Kernen befreien. Weiche Druckstellen herausschneiden.

2 Den Zitronensaft in einer Schale mit 50 ml Wasser verrühren. Aprikosen und Pflaumen darin eintauchen. Die Früchte mit den Schnittflächen nach oben auf ein Backblech legen.

3 Das Blech in den vorgeheizten Ofen schieben. Die Früchte bei leicht geöffneter Ofentür je nach Größe in 60–90 Minuten trocknen lassen.

4 In der Zwischenzeit die Äpfel waschen und trocken reiben. Die Kerngehäuse mit einem Apfelausstecher entfernen und die Äpfel in Scheiben von 5 bis 10 mm Dicke schneiden.

5 Äpfel mit dem übrigen Zitronensaft einstreichen und auf ein Ofengitter geben. Nach ca. 45 Minuten zu den Aprikosen und Pflaumen in den Ofen schieben. Äpfel 35–45 Minuten trocknen lassen.

6 Die Früchte sollen auf Fingerdruck noch leicht nachgeben, aber keine feuchten Stellen mehr aufweisen. Sie müssen vollständig getrocknet sein, da sie sonst schimmeln.

7 Trockenfrüchte auskühlen lassen und dann luftdicht verpackt aufbewahren.

TIPP

Aprikosen und Pflaumen unbedingt vor dem Kauf probieren; bei mehligen Früchten lohnt sich der Aufwand des Trocknens nicht. Bei Pflaumen unbedingt große Früchte aussuchen, da bei kleinen oft nicht mehr als die Haut übrig bleibt. Natürlich lässt sich auf diese Weise auch anderes Obst trocknen. Versuchen Sie es doch auch mal mit Datteln, Mangos, Ananas oder Feigen.

Maracuja-Curd

Für 4 Gläser à ca. 200 ml:
12 Maracujas (à ca. 60 g)
175 g Zucker
175 g Butter in Stücken
3 große frische, zimmerwarme Eier

Zubereitungszeit:
1 Std. 15 Min.

Nährwerte pro Glas:
715 kcal, 2992 kJ,
10 g EW, 42 g F, 68 g KH

1 Maracujas halbieren, Saft, Fruchtfleisch und Kerne mit einem Teelöffel herauskratzen. Mit einem Stabmixer ca. 30 Sekunden pürieren und durch ein feines Küchensieb streichen. Die Kerne beiseitestellen.

2 200 ml Fruchtpüree abmessen. Mit Zucker und Butter in eine Rührschüssel aus Metall geben. Über einem heißen Wasserbad unter gelegentlichem Rühren erhitzen, bis sich Zucker und Butter aufgelöst haben.

3 Inzwischen 4 Twist-off-Gläser ohne Deckel auf den Rost in der Backofenmitte stellen. Bei 100 Grad 15 Minuten erwärmen, dann im ausgeschalteten Ofen ruhen lassen.

4 In der Zwischenzeit die Eier mit einem Schneebesen verquirlen und unter die Fruchtmasse mengen. Das Ganze unter Rühren mit einem Kunststoffteigschaber erhitzen, bis die Masse cremig-dicklich wird; das dauert ca. 30 Minuten. Die Curd hat die richtige Konsistenz, wenn diese an leicht geschlagene Sahne erinnert; sie wird beim Abkühlen fester.

5 Die Maracujamasse durch ein feines Sieb streichen. Nach Belieben 2–3 TL der beiseitegelegten Maracujakerne unterrühren.

6 Maracuja-Curd sofort randvoll in die vorbereiteten Gläser füllen. Diese fest verschließen, abkühlen lassen und dann kalt stellen. Die Curd hält sich im Kühlschrank maximal 3 Monate.

TIPP

Vor allem in England sind Curds beliebt. Sie werden besonders gerne zum Kuchenfüllen oder als Brotaufstrich verwendet.

Feigen-Honig-Kompott

Für 6 Personen:
500 g Feigen
350 g Kristallzucker
50 g Honig
Saft von ½ Zitrone
3 Lorbeerblätter

Zubereitungszeit:
25 Min.
Ziehzeit:
30 Min.
Kühlzeit:
12 Std.

Nährwerte pro Person:
318 kcal, 1330 kJ,
1 g EW, 0 g F, 76 g KH

1 Feigen waschen, trocken reiben und vierteln. In einer Schüssel mit Zucker, Honig und Zitronensaft verrühren. 30 Minuten ziehen lassen.

2 Anschließend die Feigen in einen Topf geben. Das Ganze erhitzen und einmal aufkochen lassen. Dann ca. 12 Stunden kalt stellen.

3 Fest verschließbare Gläser gründlich waschen und gut trocknen lassen. Nach Ziehzeitende Lorbeerblätter zugeben und die Feigen wieder erhitzen. Unter Rühren 5 Minuten kochen lassen.

4 Lorbeer entfernen und Feigen in die vorbereiteten Gläser füllen. Fest verschließen und das Ganze auskühlen lassen. Kühl und trocken lagern.

BEILAGE
Das Kompott schmeckt einfach himmlisch. Dazu passen beispielsweise Quark oder auch frisches Walnussbrot.

Herbstliches Kompott

Für 6 Personen:
4 Äpfel
3 Birnen
125 g Rosinen
1 Orange (unbehandelt)
60 g Butter
100 g brauner Zucker

Zubereitungszeit:
45 Min.
Garzeit:
35 Min.

Nährwerte pro Person:
290 kcal, 1213 kJ,
1 g EW, 9 g F, 50 g KH

1 Äpfel und Birnen waschen und schälen. Früchte vierteln, entkernen und in Würfel schneiden. Rosinen in ein Sieb geben, abbrausen und mit Küchenpapier trocken tupfen.

2 Orange unter fließendem heißem Wasser abbürsten. Die Schale mit einem Sparschäler dünn abziehen und hacken. Frucht halbieren und Saft auspressen. Orangenschale und -saft mit Rosinen vermengen.

3 Butter in einem Topf erhitzen. Äpfel und Birnen dazugeben und 5 Minuten unter Rühren schmoren. Zucker dazugeben, umrühren und 15 Minuten leise köcheln lassen.

4 Orangen-Rosinen-Mischung in den Topf geben und nochmals 15 Minuten leise köcheln lassen. Dabei immer wieder umrühren. Anschließend abkühlen lassen.

BEILAGE
Dieses Kompott schmeckt mit Quark oder Crème fraîche besonders gut.

CHUTNEY, PESTO & CO.

Birnenchutney *(Abb. S. 83)*

Für 2 Gläser à ca. 250 ml:
4 Birnen
Saft von ½ Zitrone
1 Zwiebel
1 Knoblauchzehe
1 Thai-Chilischote
2 TL Olivenöl
150 g Rohrzucker
1 TL gemahlener Ingwer
1 Msp. gemahlener Zimt
4 Lorbeerblätter
120 ml Apfelessig
20 g Mandeln oder Haselnüsse

Zubereitungszeit: **20 Min.**
Garzeit: **25 Min.**

Nährwerte pro Glas: **249 kcal, 1042 kJ, 4 g EW, 7 g F, 42 g KH**

1 Die Birnen schälen, von den Kernhäusern befreien und das Fruchtfleisch in Würfel schneiden. In einen Topf geben und mit dem Zitronensaft vermischen.

2 Zwiebel schälen und fein würfeln. Knoblauchzehe abziehen und hacken. Chilischote hacken.

3 Zwiebelwürfel, gehackten Knoblauch und Chilischote, Olivenöl, Rohrzucker, gemahlenen Ingwer, Zimt und Lorbeerblätter zu den Birnen in den Topf geben. Unterrühren und das Ganze erhitzen. Bei schwacher Hitze unter gelegentlichem Rühren 15 Minuten köcheln lassen.

4 Anschließend den Essig dazugeben und 10 Minuten weiterköcheln lassen. In der Zwischenzeit Mandeln oder Nüsse grob hacken. Fest verschließbare Gläser gründlich reinigen und gut abtropfen lassen.

5 Nach Garzeitende die Mandeln bzw. Nüsse in das Chutney geben. Das Ganze in die vorbereiteten Gläser füllen und fest verschließen. Kühl und dunkel aufbewahren.

TIPP
Das Chutney sollte ca. 1 Woche ziehen. Dann kann es als Beilage beispielsweise zu gebratenem oder gegrilltem Fleisch, kaltem Braten oder Käse serviert werden.

Mangochutney

Für 5 Gläser à ca. 200 ml:
2 reife Mangos (ca. 750 g)
100 g Zwiebeln
25 g frische Ingwerwurzel
400 g Äpfel
8 Kardamomkapseln
1 Zimtstange
je ½ TL Kreuzkümmel- und Koriandersaat
2 EL Öl
½ TL Schwarzkümmelsaat
1 TL Kurkumapulver
1 rote Chilischote
300 g Zucker
1 TL Salz
300 ml Weißweinessig

Zubereitungszeit: **1 Std.**
Garzeit: **1 Std.**

Nährwerte pro Glas: **440 kcal, 1841 kJ, 2 g EW, 6 g F, 91 g KH**

1 Die Mangos schälen, das Fruchtfleisch von den Steinen schneiden und dann in ca. 1 cm kleine Würfel schneiden. In eine Schale geben, abdecken und dann beiseitestellen. Zwiebeln abziehen, längs halbieren und quer in 5 mm dicke Halbringe schneiden.

2 Ingwer dünn schälen und fein würfeln oder hacken. Äpfel schälen, vierteln, von den Kernhäusern befreien und Fruchtfleisch in 1 cm kleine Würfel schneiden. Kardamom, Zimt, Kreuzkümmel und Koriander am besten im Blitzhacker fein zerkleinern oder im Mörser zerstoßen.

3 Öl in einem Topf erhitzen. Zwiebeln darin bei milder Hitze glasig dünsten. Ingwer zugeben und kurz mitbraten. Erst die zerkleinerten Gewürze, Schwarzkümmel und Kurkuma unterrühren, dann die Apfelwürfel und 500 ml Wasser zugeben.

4 Das Ganze zugedeckt aufkochen und bei milder Hitze 10 Minuten köcheln lassen. Inzwischen die Chilischote längs halbieren, entkernen und quer in feine Streifen schneiden. Chili und Mangowürfel zu den Äpfeln geben und alles weitere 20 Minuten kochen.

5 Zucker, Salz und Essig dazugeben. Chutney bei starker Hitze unter Rühren offen aufkochen. Bei milder Hitze unter häufigem Rühren 25–30 Minuten kochen lassen. Das Chutney hat die richtige Konsistenz, wenn der Topfboden beim Umrühren für einen kurzen Moment als Spur sichtbar bleibt.

6 In der Zwischenzeit 5 Twist-off-Gläser gründlich reinigen und abtropfen lassen. Chutney randvoll einfüllen und fest verschließen. Gläser 5 Minuten auf den Deckel stellen. Dann umdrehen und abkühlen lassen.

Rotes Zwiebelchutney

Für 2 Gläser à ca. 250 ml:
500 g rote Zwiebeln
1 walnussgroßes Stück Ingwer
50 g Rosinen
50 g Butter
100 g brauner Zucker
50 ml Essig
Salz

Zubereitungszeit: **30 Min.**
Garzeit: **30 Min.**

Nährwerte pro Glas: **533 kcal, 2230 kJ, 4 g EW, 22 g F, 78 g KH**

1 Die roten Zwiebeln schälen und vierteln. Ingwer schälen und auf der Küchenreibe fein raspeln. Rosinen in ein Küchensieb geben, abbrausen und gut abtropfen lassen oder trocken tupfen.

2 Butter in einem Topf erhitzen. Zwiebelviertel zugeben und glasig werden lassen. Dann geraspelten Ingwer und Rosinen einrühren. Braunen Zucker darüberstreuen.

3 Das Ganze mit Essig und 50 ml Wasser aufgießen. Auf kleiner Flamme ca. 30 Minuten leise köcheln lassen. Dabei ab und zu umrühren.

4 2 fest verschließbare Gläser heiß ausspülen und gut trocknen. Fertig gegartes Chutney mit Salz abschmecken, dann in die Gläser füllen und fest verschließen.

BEILAGE
Das Zwiebelchutney schmeckt besonders gut auf geröstetem Brot oder zu gegrilltem Fleisch oder Fisch.

Ananas-Chili-Chutney

Für 6 Gläser à ca. 250 ml:
1 Ananas (ca. 1 ½ kg)
200 g Schalotten
6 Lorbeerblätter
1 EL Wacholderbeeren
100 g Rosinen
200 ml süßsaure Chilisoße
200 ml Weißweinessig
100 g Einmachzucker (z. B. von SweetFamily)

Zubereitungszeit: **30 Min.**
Garzeit: **30 Min.**

Nährwerte pro Glas: **247 kcal, 1033 kJ, 4 g EW, 1 g F, 52 g KH**

1 Den Schopf der Ananas abschneiden. Die Ananas vierteln, den holzigen Mittelteil sowie die Schale entfernen. 700 g Fruchtfleisch abwiegen und in Würfel schneiden.

2 Schalotten schälen und in feine Ringe schneiden. 6 fest verschließbare Gläser gründlich reinigen und gut abtropfen lassen.

3 Ananas und Schalotten in einen weiten Topf geben. Lorbeerblätter, Wacholderbeeren und Rosinen zugeben. Das Ganze mit Chilisoße, 250 ml Wasser, dem Weißweinessig und Einmachzucker vermengen.

4 Die Fruchtmischung unter Rühren zum Kochen bringen. Dann ohne Deckel bei milder Hitze ca. 30 Minuten köcheln lassen, dabei gelegentlich umrühren.

5 Nach Garzeitende 1 TL Chutney abnehmen und auf einem Teller die Konsistenz prüfen. Dann die Lorbeerblätter entfernen und das Ananas-Chili-Chutney sofort randvoll in die vorbereiteten Gläser füllen. Fest verschließen und auskühlen lassen.

TIPP
Dieses Chutney ist ein tolles exotisches Mitbringsel zu einer Grilleinladung.

Kürbis-Aprikosen-Chutney

Für 2 Gläser à ca. 250 ml:
250 g Muskatkürbis
200 g Aprikosen
100 g Schalotten
1 walnussgroßes Stück Ingwer
50 g Butter
100 g brauner Zucker
50 ml Essig
1 Sternanis
1 Zimtstange
1 Msp. Muskatnuss, frisch gerieben
½ TL Salz

Zubereitungszeit:
30 Min.
Garzeit:
30 Min.

Nährwerte pro Glas:
475 kcal, 1987 kJ,
3 g EW, 22 g F, 65 g KH

1 Kürbis schälen, von Kernen befreien und Fruchtfleisch würfeln. Aprikosen waschen, halbieren und entsteinen. Schalotten schälen und vierteln. Ingwer schälen und auf der Küchenreibe fein raspeln.

2 Butter in einem Topf erhitzen. Schalotten zugeben und unter häufigem Rühren glasig werden lassen. Dann Kürbis, Aprikosen und Ingwer unterrühren. Das Ganze unter Rühren kurz andünsten.

3 Braunen Zucker einstreuen und mit Essig und 50 ml Wasser aufgießen. Sternanis, Zimt, frisch geriebene Muskatnuss und Salz unterrühren. Das Ganze auf kleiner Flamme ca. 30 Minuten leise köcheln lassen.

4 2 fest verschließbare Gläser heiß ausspülen. Sternanis und Zimtstange nach Garzeitende aus dem Chutney entfernen. Kürbis-Aprikosen-Chutney in die Gläser füllen und diese fest verschließen.

BEILAGE
Das Chutney schmeckt lecker zu Wild- und Geflügelgerichten.

Rillette

Für 3 Gläser à
ca. 250 ml:
250 g fetter Speck
500 g Schweinefleisch
(z. B. aus der Schulter)
2 Knoblauchzehen
1 Stange Lauch
1 Stängel Salbei
2 Zweige Estragon
2 Stängel Petersilie
4 cl Sherry
200 ml trockener Weißwein
2 Lorbeerblätter
2 EL eingelegte grüne Pfefferkörner
Salz
Pfeffer aus der Mühle

Zubereitungszeit:
40 Min.
Garzeit:
3 Std.

Nährwerte pro Glas:
1010 kcal, 4226 kJ,
38 g EW, 89 g F, 3 g KH

1 Speck in feine Würfel schneiden. In einen Topf geben und bei kleiner Hitze ca. 20 Minuten langsam auslassen. Immer wieder umrühren.

2 In der Zwischenzeit Schweinefleisch ebenfalls klein schneiden. Knoblauchzehen schälen und fein hacken. Lauch putzen, gründlich waschen und klein schneiden. Salbei abbrausen und trocken schütteln.

3 Estragon und Petersilie abbrausen und trocken schütteln. Blättchen abzupfen und fein hacken.

4 Schweinefleisch zum Speck in den Topf geben und das Ganze vermengen. Dann mit Sherry ablöschen. Weißwein und ca. 100 ml Wasser angießen. Knoblauch, Lauch, Salbei und Lorbeerblätter zugeben und unterrühren.

5 Den Topf mit einem Deckel gut verschließen. 2–3 Stunden bei milder Hitze leise schmoren lassen. Fleischstücke mit einem Kochlöffel zerdrücken. 3 fest verschließbare Gläser gründlich reinigen und gut trocknen lassen.

6 Nach Garzeitende Lorbeerblätter und Salbei wieder herausnehmen. Gehackte Kräuter und grüne Pfefferkörner zugeben. Mit Salz und frisch gemahlenem Pfeffer abschmecken. In die vorbereiteten Gläser füllen. Fest verschlossen abkühlen lassen.

TIPP

Im Kühlschrank ist diese Rillette mindestens 2 Wochen haltbar. Sie wird in Frankreich traditionell als Brotaufstrich gegessen. Daher lässt sich dieses Geschenk wunderbar beispielsweise mit einem selbst gemachten Rosmarinbrot (S. 57) kombinieren.

Ratatouille *(Abb. vorne)*

Für 2 Gläser à ca. 500 ml:
500 g sehr reife Tomaten
1 Aubergine
2 kleine Zucchini
je 1 grüne und rote Paprikaschote
350 g Zwiebeln
3 Knoblauchzehen
1 Zweig Thymian
Olivenöl extra vergine
1 Lorbeerblatt
Salz, Pfeffer

Zubereitungszeit:
40 Min.
Garzeit:
55 Min.
Ziehzeit:
12 Std.

Nährwerte pro Glas:
485 kcal, 2029 kJ,
10 g EW, 37 g F, 27 g KH

1 Tomaten waschen und oben kreuzweise einritzen. Mit kochend heißem Wasser überbrühen, kurz ziehen lassen und dann häuten. Tomaten vierteln. Aubergine und Zucchini waschen, putzen und in kleine Stücke schneiden.

2 Paprikaschoten halbieren, entkernen und waschen. Schoten in Streifen schneiden und diese wiederum halbieren. Zwiebeln schälen und hacken. Knoblauchzehen schälen und fein hacken. Thymianzweig abbrausen und trocken schütteln.

3 3 EL Olivenöl in einer Pfanne erhitzen. Zwiebeln und Paprika ca. 1 Minute unter Rühren darin andünsten. Dann Tomaten, gehackten Knoblauch, Thymianzweig und Lorbeerblatt hinzugeben. Mit Salz und Pfeffer würzen. Deckel auflegen und bei milder Hitze 45 Minuten sanft köcheln lassen. Ab und zu umrühren.

4 In der Zwischenzeit in einer zweiten Pfanne 4 EL Öl erhitzen. Aubergine und Zucchini zugeben und das Gemüse bei mittlerer Hitze 15–20 Minuten sanft anbraten.

5 Wenn Aubergine und Zucchini weich sind, zu den Tomaten geben. Das Ganze bei geringer Hitze weitere 10 Minuten köcheln lassen. 2 fest verschließbare Einmachgläser gründlich mit heißem Wasser reinigen und auf einem sauberen Küchentuch gut abtropfen lassen.

6 Das Gemüse mit Salz und Pfeffer abschmecken. Thymianzweig und Lorbeer entfernen. Dann Ratatouille in die vorbereiteten Gläser füllen und diese fest verschließen. An einem kühlen Ort mindestens 12 Stunden ziehen lassen.

BEILAGE
Das Ratatouille schmeckt zimmerwarm zu Fleischgerichten.

Apfel-Cranberry-Relish *(Abb. hinten)*

Für 2 Gläser à ca. 250 ml:
250 g frische Cranberrys (alternativ Preiselbeeren)
2 säuerliche Äpfel
1 Orange
100 g weißer Zucker

Zubereitungszeit:
15 Min.
Ziehzeit:
1 Tag

Nährwerte pro Glas:
351 kcal, 1469 kJ,
2 g EW, 1 g F, 80 g KH

1 2 fest verschließbare Einmachgläser gründlich reinigen und trocknen lassen. Cranberrys in ein Küchensieb geben, kalt abbrausen und abtropfen lassen. Äpfel schälen, halbieren und von Kernhäusern befreien. Das Fruchtfleisch hacken.

2 Orange schälen und die Filets aus den Zwischenhäuten lösen. Das Fruchtfleisch in kleine Stückchen schneiden. Den dabei austretenden Orangensaft auffangen.

3 Cranberrys, Äpfel und Orange mit dem Zucker vermengen. In die 2 vorbereiteten Gläser geben und mindestens 24 Stunden an einem kalten Ort ziehen lassen.

BEILAGE
Dieses Apfel-Cranberry-Relish schmeckt hervorragend zu Geflügelgerichten.

Grünes Pesto

Für 2 Gläser à
ca. 200 ml:
2 EL Pinienkerne
1 großes Bd. Basilikum
3 Knoblauchzehen
50 g Parmesan
Salz
175 ml Olivenöl

Zubereitungszeit:
15 Min.

Nährwerte pro Glas:
766 kcal, 3205 kJ,
14 g EW, 78 g F, 6 g KH

1 2 Gläser mit Bügelverschluss gründlich mit heißem Wasser und Spülmittel reinigen. Danach auf einem sauberen Küchenhandtuch gut trocknen lassen.

2 Pinienkerne in einer Pfanne ohne die Zugabe von Fett rösten, bis sie duften. Dabei die Pfanne häufig schwenken, damit die Pinienkerne nicht schwarz werden. Anschließend die Pfanne vom Herd nehmen.

3 Basilikum kalt abbrausen und trocken schütteln. Die Blättchen abzupfen. Knoblauch abziehen und grob hacken. Parmesan fein reiben.

4 Pinienkerne, Basilikum und Knoblauch mit 1 Prise Salz in einen Mixer oder Mörser geben. Das Ganze fein zerkleinern.

5 Basilikummischung in eine Schüssel umfüllen. Ca. 125 ml Olivenöl portionsweise unterrühren, bis das Pesto eine cremige Konsistenz hat. Mit Salz abschmecken.

6 Pesto in die vorbereiteten Gläser füllen. Mit Olivenöl bedecken und die Gläser fest verschließen. Bis zum Verzehr im Kühlschrank aufbewahren.

VARIANTE

Im Frühling lässt sich so ganz einfach auch ein leckeres Bärlauchpesto herstellen. Ersetzen Sie einfach Basilikum durch Bärlauch.

Kaperntapenade

Für 1 Glas à ca. 300 ml:
50 g Kapern (Glas)
50 g entsteinte grüne Oliven (Glas)
2 Sardellenfilets
1 Bd. Petersilie
1 Knoblauchzehe
25 g Pecorino
2 EL Pinienkerne oder Walnüsse
125 ml Olivenöl
Salz
Pfeffer aus der Mühle

Zubereitungszeit:
15 Min.

Nährwerte pro Glas:
1530 kcal, 6402 kJ,
19 g EW, 149 g F, 32 g KH

1 Kapern abtropfen lassen und mit den grünen Oliven sowie den Sardellenfilets fein hacken. Petersilie kalt abbrausen, trocken schütteln, die Blättchen abzupfen und diese fein hacken. Knoblauch abziehen. Pecorino fein reiben.

2 Petersilie, Knoblauch und Pecorino in eine Rührschüssel geben. Pinienkerne oder Walnüsse und Olivenöl zugeben. Mit dem Pürierstab das Ganze zu einer geschmeidigen Paste verarbeiten. Alternativ können die Zutaten natürlich auch im Mörser fein zerstoßen werden.

3 Gehackte Kapern, Oliven und Sardellen zu der Paste geben. Das Ganze gründlich untermengen. Kaperntapenade mit Salz und mit frisch gemahlenem Pfeffer abschmecken.

4 Ein fest verschließbares Glas gründlich mit heißem Wasser und Spülmittel reinigen, dann auf einem sauberen Küchenhandtuch trocknen lassen. Kaperntapenade einfüllen, Glas verschließen und im Kühlschrank aufbewahren.

TIPP

Besonders gut eignen sich hierfür Einmachgläser mit Bügelverschluss. Sie lassen sich sehr fest verschließen und liegen auch optisch voll im Trend. Mit einer Schleife oder in Geschenkfolie verpackt sind sie ein echter Hingucker.
Tapenaden stammen übrigens aus Südfrankreich und werden gerne zu Brot und als Dip gereicht.

Heidelbeer-Trauben-Relish

Für 4 Gläser à ca. 200 ml:
300 g Heidelbeeren
200 g kernlose blaue Trauben
120 g rote Zwiebeln
2 Knoblauchzehen
1 – 2 rote Chilischoten
4 Zweige Rosmarin
2 EL Öl
100 ml Balsamico-Essig
120 g brauner Zucker
1 TL Salz
½ TL Süßholzpulver (alternativ: Sternanispulver)

Zubereitungszeit: **40 Min.**
Garzeit: **20 Min.**

Nährwerte pro Glas: **246 kcal, 1029 kJ, 1 EW, 6 g F, 45 g KH**

1 Heidelbeeren verlesen, kurz waschen und in einem Sieb abtropfen lassen. Trauben waschen, abtropfen lassen und je nach Größe halbieren oder vierteln.

2 Zwiebeln abziehen, längs halbieren und dann quer in dünne Halbringe schneiden. Knoblauchzehen abziehen und fein hacken. Chilischoten längs halbieren, entkernen und fein hacken. Die Rosmarinzweige mit Küchengarn zusammenbinden.

3 Öl in einem weiten Topf erhitzen, Zwiebeln darin bei milder Hitze glasig dünsten. Dann Knoblauch und Chili zugeben und kurz mitbraten. Balsamico-Essig, Heidelbeeren, Trauben, Rosmarin, Zucker und Salz zugeben. Süßholzpulver unterrühren.

4 Relish bei mittlerer Hitze unter Rühren offen aufkochen und unter gelegentlichem Rühren 10 Minuten einkochen lassen. Alles mit einem Kartoffelstampfer zerdrücken und weitere 5 – 10 Minuten kochen. Das Relish soll eine soßenartige Konsistenz haben.

5 4 Twist-off-Gläser vorbereiten. Rosmarin aus dem Relish entfernen. Relish randvoll in die Gläser füllen und fest verschließen. 5 Minuten auf den Deckel stellen, umdrehen und abkühlen lassen.

Hochzeits-Pickle

Für 3 Gläser à ca. 250 ml:
120 g getrocknete Aprikosen
75 g getrocknete Datteln
40 g Rosinen
150 ml Weißweinessig
30 ml trockener Weißwein
400 g Möhren
300 g Zucker
60 g frischer Ingwer
4 – 5 getrocknete Chilischoten
5 grüne Kardamomkapseln
je 1 gestr. TL Kreuzkümmel- und Koriandersamen
2 TL Garam Masala
Salz

Zubereitungszeit: **40 Min.**
Einweichzeit: **12 Std.**
Garzeit: **1 Std. 30 Min.**

Nährwerte pro Glas: **692 kcal, 2895 kJ, 6 g EW, 2 g F, 154 g KH**

1 Aprikosen sehr klein würfeln. Datteln entkernen und in kleine Würfel oder Streifen schneiden. Beides mit Rosinen in eine Schüssel geben. 50 ml Essig mit Wein und 250 ml Wasser mischen und über die Früchte gießen. Die Schüssel abdecken und Früchte über Nacht durchziehen lassen.

2 Am nächsten Tag die Möhren schälen und grob raspeln. Mit übrigem Essig und dem Zucker in einem Topf verrühren und ca. 20 Minuten ziehen lassen. Inzwischen Ingwer schälen und fein würfeln. Die Hälfte mit zerbröselten Chilis unter die Möhren rühren. Kardamomkapseln quetschen, öffnen und die Samen herauskratzen.

3 Kardamomsamen mit Kreuzkümmel und Koriander in einen Mörser geben und grob zerreiben. Zu den Möhren geben und unter Rühren zum Kochen bringen. So lange weiterrühren, bis sich der Zucker aufgelöst hat. Hitze reduzieren und 1 TL Garam Masala mit etwas Salz einrühren. Weitere 45 Minuten zugedeckt bei kleiner Hitze köcheln lassen, dabei gelegentlich umrühren.

4 Anschließend die eingeweichten Früchte und den übrigen Ingwer unterrühren. Mit restlichem Garam Masala und gegebenenfalls etwas Salz nachwürzen. Zugedeckt 30 – 40 Minuten kochen lassen.

5 Während der Garzeit öfter durchrühren, um die Flüssigkeitsmenge zu prüfen, damit das Pickle nicht anliegt. Wenn das Pickle eine dickflüssige Konsistenz erreicht hat, ist es fertig. Nun zügig in 3 vorbereitete, fest verschließbare Gläser füllen und verschließen. Gläser für 10 Minuten auf den Kopf stellen. Dann wieder umdrehen und auskühlen lassen.

Feiner Senf

Für 2 Gläser à ca. 200 ml:
je 50 g weiße und schwarze Senfkörner
1 Zwiebel
1 Knoblauchzehe
1 TL Koriandersamen
1 Lorbeerblatt
2 Gewürznelken
100 ml Weinessig
1 TL Salz
2–3 EL Honig

Zubereitungszeit: **20 Min.**
Quellzeit: **3 Tage**
Ziehzeit: **1 Woche**

Nährwerte pro Glas:
309 kcal, 1293 kJ, 27 g EW, 30 g F, 56 g KH

1 Weiße und schwarze Senfkörner in eine Schüssel geben. Zwiebel und Knoblauch abziehen, dann beides fein würfeln.

2 Zwiebel und Knoblauch mit 125 ml Wasser in einen Topf geben. Koriander, Lorbeerblatt, Gewürznelken, Weinessig, Salz und Honig hinzufügen und den Sud aufkochen.

3 Topf vom Herd nehmen und den heißen Sud durch ein Sieb über die Senfkörner gießen. Das Ganze abdecken und 2–3 Tage quellen lassen.

4 Nach Ende der Quellzeit 2 fest verschließbare Gläser gründlich mit heißem Wasser und Spülmittel reinigen. Auf einem sauberen Küchenhandtuch gut abtropfen lassen.

5 Den Senf mit einem Stabmixer grob pürieren. In die vorbereiteten Gläser abfüllen und fest verschließen. An einem kühlen und dunklen Ort vor dem Verzehr noch ca. 1 Woche ziehen lassen.

TIPP

Setzen Sie den Gläsern bunte Häubchen auf, die Sie mit farblich passenden Bändern befestigen. Der Senf ist mindestens 4 Monate haltbar und sollte im Kühlschrank aufbewahrt werden.

Tomatenketchup

Für 3 Flaschen à ca. 250 ml:
1 kg vollreife Tomaten
1 kleine Paprikaschote
1 große rote Zwiebel
¼ Knoblauchknolle
85 ml Rotweinessig
125 g Honig
1 ½ TL Kräutersalz
1 dicke Scheibe frische Ingwerwurzel
1 kleines Stück Muskatblüte (Mazis)
2 Lorbeerblätter
½ TL Senfkörner
½ TL schwarze Pfefferkörner
2 Gewürznelken
1 Zimtstange
1 kleine rote Chilischote nach Belieben
2 TL Paprikapulver edelsüß
140 g Tomatenmark
60 ml Olivenöl

Zubereitungszeit:
30 Min.
Garzeit:
2 Std.

Nährwerte pro Flasche:
430 kcal, 1800 kJ,
7 g EW, 22 g F, 51 g KH

1 Tomaten kreuzweise einritzen, in eine Schüssel geben und mit kochendem Wasser überbrühen. Kurz ziehen lassen, dann häuten und die Stielansätze entfernen. Tomaten halbieren, entkernen und das Fruchtfleisch grob hacken.

2 Die Paprikaschote halbieren, putzen, waschen und in nicht zu kleine Würfel schneiden. Zwiebel schälen und in dünne Scheiben schneiden. Knoblauch schälen.

3 Tomatenfruchtfleisch mit Paprikastücken, Zwiebel und Knoblauch in einen großen Topf geben und mit 45 ml Essig vermengen. Alles aufkochen und zugedeckt bei schwacher Hitze ca. 25 Minuten köcheln lassen. Knoblauch nach Wunsch entfernen und das Gemüse mit dem Stabmixer fein pürieren.

4 Restlichen Essig, Honig und Kräutersalz unter das Gemüsepüree mischen. Dann Ingwer, Muskatblüte, Lorbeerblätter, Senfkörner, Pfefferkörner, Nelken, Zimtstange und nach Belieben die Chilischote in ein Mulltuch oder einen Kaffeefilter geben, mit Küchengarn zubinden und in den Topf legen.

5 Tomatenmischung aufkochen und unter häufigem Rühren ca. 90 Minuten offen kochen lassen, bis sie stark eingedickt ist. Das Mulltuch bzw. den Kaffeefilter mit den Gewürzen entfernen.

6 Paprikapulver, Tomatenmark und Olivenöl unter das Ketchup rühren. Das Ganze nochmals süßsauer abschmecken. Ketchup in sterilisierte Gläser oder Flaschen füllen und verschließen. Abkühlen lassen und im Kühlschrank aufbewahren.

TIPP

Muskatblüte (Mazis) ist der Samenmantel der Muskatnuss. Er hat wie diese einen aromatisch, harzigen und leicht bitteren Geschmack, ist aber etwas milder als die Muskatnuss. Man kann das Gewürz in gut sortierten Supermärkten oder in orientalischen Lebensmittelläden kaufen.

Rotes Pesto

Für 2 Gläser à ca. 200 ml:
25 g Pinienkerne
100 g getrocknete Tomaten in Öl (Glas)
50 g Parmesan
2 Knoblauchzehen
200 ml Olivenöl
Pfeffer aus der Mühle
Salz

Zubereitungszeit:
15 Min.

Nährwerte pro Glas:
906 kcal, 3791 kJ, 14 g EW, 90 g F, 12 g KH

1 2 fest verschließbare Twist-off-Gläser gründlich mit heißem Wasser und Spülmittel reinigen. Anschließend auf einem sauberen Küchenhandtuch trocknen lassen.

2 Pinienkerne in einer Pfanne ohne Fettzugabe rösten, bis sie duften; dabei häufig durchschwenken, damit sie nicht verbrennen. Danach etwas auskühlen lassen.

3 Tomaten aus dem Glas nehmen und etwas abtropfen lassen, dann fein schneiden. Parmesan grob reiben. Knoblauch abziehen und grob hacken.

4 Pinienkerne, Tomaten, Parmesan und Knoblauch im Standmixer oder Mörser zerkleinern. 150 ml Olivenöl untermengen und mit frisch gemahlenem Pfeffer und Salz abschmecken.

5 Das rote Pesto in die vorbereiteten Gläser füllen. Das Ganze mit Olivenöl bedecken und die Gläser fest verschließen. Bis zum Verzehr im Kühlschrank aufbewahren.

TIPP

Zum Verschenken können Sie den Gläsern Hauben aus rot-weiß kariertem Stoff aufsetzen; diese dann mit einem weißen Band festbinden. Zum Beschriften eignen sich entsprechende Aufkleber im Retrolook.

Kräutersalz

Für 2 Gläser à ca. 200 ml:
100 g frische Kräuter (z. B. Rosmarin, Thymian, Oregano, Majoran, Estragon, Basilikum, Bärlauch, Salbei, Minze, Anis, Zitronenmelisse, Koriander, Liebstöckel, Zitronenzeste)
1 Knoblauchzehe
je ½ TL Sesam und Senfsaat
1 Prise Anis
300 g grobes Meersalz

Zubereitungszeit:
15 Min.

Nährwerte pro Glas:
41 kcal, 172 kJ,
2 g EW, 1 g F, 5 g KH

1 Je nach Geschmack und Vorlieben können die Zugaben und Mengenanteile der Kräuter untereinander variieren. Ansonsten kann grob gesagt werden, von Rosmarin bis zur Zitronenzeste absteigende Mengen verwenden.

2 2 fest verschließbare Gläser gründlich mit heißem Wasser und Spülmittel reinigen, danach auf einem sauberen Küchenhandtuch abtropfen lassen. Kräuter mit kaltem Wasser abbrausen, gründlich trocken tupfen und von harten Stängeln bzw. Zweigen befreien.

3 Knoblauch schälen und grob hacken. Knoblauch mit Sesam, Senfsaat und Anis in einen Mörser geben und fein mahlen. Die Mischung mit den Kräutern und dem Meersalz in einen Standmixer geben und zerkleinern.

4 Das Kräutersalz in die vorbereiteten trockenen Gläser füllen und diese dann luftdicht verschließen. An einem dunklen Ort kühl und trocken aufbewahren.

TIPP

Das Salz ist auf diese Weise mindestens 1 Jahr haltbar und somit ein unkompliziert herzustellendes Geschenk, das dem Beschenkten lange Freude bereitet.

Karibische Gewürzmischung

Für 1 Glas à ca. 200 ml:
1 Handvoll scharfe getrocknete Pfefferschoten
1 TL getrockneter Schnittlauch
2 EL Zwiebelgranulat
1 TL Knoblauchgranulat
½ TL Piment
1 – 2 EL getrockneter Sellerie
1 EL Meersalz
3 EL Rohrzucker

Zubereitungszeit:
10 Min.

Nährwerte pro Glas:
151 kcal, 632 kJ,
5 g EW, 1 g F, 29 g KH

1 Ein dekoratives, fest verschließbares Glas gründlich mit heißem Wasser und Spülmittel reinigen. Anschließend auf einem sauberen Küchenhandtuch vollständig trocknen lassen.

2 Pfefferschoten grob hacken. Mit Schnittlauch, Zwiebel- und Knoblauchgranulat, Piment und Sellerie in eine Messermühle geben. Meersalz und Rohrzucker zugeben.

3 Gewürze sehr fein zerkleinern. Die Gewürzmischung in das vorbereitete Glas füllen. An einem trockenen Ort kühl und dunkel aufbewahren.

TIPP

Diese Gewürzmischung ist besonders in Jamaika beliebt. Zum Würzen wird sie mit etwas Wasser und Öl zu einer Paste verrührt. Grill- und Räuchergut wird vor dem Garen dick damit eingestrichen. „Gejerkt" wird (fast) alles, egal ob Fleisch, Geflügel, Fisch oder Meeresfrüchte. Die Gerichte werden besonders aromatisch, wenn sie einige Stunden in der Marinade ziehen.
Verzieren Sie das Glas vor dem Verschenken „standesgemäß" mit Bastbändern und Muscheln aus dem letzten Urlaub.

Barbecuesoße

Für 1 Glas à ca. 150 ml:
1 Schalotte
2 Knoblauchzehen
1 TL bunte Pfefferkörner
2 EL Pflanzenöl
100 ml Tomatensaft
2 EL Tomatenketchup
getrocknete Petersilie
Salz
Cayennepfeffer

Zubereitungszeit:
20 Min.

Nährwerte pro Glas:
496 kcal, 2075 kJ,
8 g EW, 32 g F, 48 g KH

1 Schalotte schälen, bei Bedarf putzen und fein hacken. Knoblauchzehen abziehen und ebenfalls fein hacken. Pfefferkörner in einem Mörser grob zerstoßen.

2 Öl in einer Pfanne erhitzen. Schalotten- und Knoblauchwürfel darin bei mittlerer Hitze unter Rühren anschwitzen.

3 Pfeffer in die Pfanne geben und unterrühren. Tomatensaft angießen und unter Rühren ca. 5 Minuten offen leicht köcheln lassen.

4 Sud vom Herd nehmen und mit einem Stabmixer pürieren. Leicht auskühlen lassen. Ketchup zugeben und das Ganze glatt rühren.

5 Getrocknete Petersilie untermengen. Barbecuesoße mit Salz und Cayennepfeffer würzig abschmecken. Barbecuesoße in ein gereinigtes Glas mit Bügelverschluss geben. Fest verschließen und kühl lagern.

TIPP

Mit der Barbecuesoße können rohe Spareribs, Steaks, Chickenwings & Co. bestrichen werden, bevor sie auf den Grill kommen. Aber auch zu fertig gegrillten Köstlichkeiten schmeckt die Soße hervorragend.

Harissa

Für 1 Glas à ca. 300 ml:
125 g getrocknete rote Chilischoten
10 Knoblauchzehen
1 EL gemahlener Koriander
1 EL getrocknete Minze
1 EL gemahlener Kreuzkümmel
1 TL gemahlene Kümmelsamen
125 ml Olivenöl
½ TL Salz

Zubereitungszeit:
15 Min.
Einweichzeit:
1 Std.

Nährwerte pro Glas:
1570 kcal, 6569 kJ,
18 g EW, 147 g F, 49 g KH

1 Chilischoten grob hacken und in eine Schale geben. Mit kochend heißem Wasser übergießen und 1 Stunde ziehen lassen.

2 In der Zwischenzeit Backofen auf 120 Grad vorheizen. 1 fest verschließbares Glas mit Deckel gründlich mit heißem Wasser waschen und im Ofen trocknen lassen. Anschließend herausnehmen.

3 Chilischoten abgießen. Knoblauch abziehen und hacken. Beides mit Koriander, Minze, Kreuzkümmel und Kümmelsamen in den Mixer geben. 1 EL Olivenöl und Salz zugeben und das Ganze pürieren.

4 Weitere 2 EL Öl zur Paste geben und cremig rühren. Harissa in das vorbereitete Glas füllen. Dünn mit Olivenöl bedecken und fest verschließen.

TIPP

Diese marokkanische Würzpaste hält sich im Kühlschrank bis zu 6 Monate. Sie schmeckt beispielsweise hervorragend zu Tajinegerichten und Couscous, aber auch als Gewürz für Suppen.

FEIN EINGELEGTES

Eingelegte Zucchini mit Fenchel *(Abb. S. 99 vorne)*

Für 4 Personen:
1 Zucchini
1 Fenchel
250 ml Apfelessig
2 Knoblauchzehen
1 kleine Chilischote
1 Zweig Rosmarin
1 TL Meersalz
Pfeffer aus der Mühle
100 ml Olivenöl (z. B. von Alnatura)

Zubereitungszeit:
15 Min.

Nährwerte pro Person:
260 kcal, 1088 kJ,
3 g EW, 26 g F, 4 g KH

1 Zucchini und Fenchel waschen, putzen und mittelgroß würfeln. Ein großes Einmachglas gründlich mit heißem Wasser und Spülmittel reinigen und auf einem sauberen Küchenhandtuch abtropfen lassen.

2 Essig mit 300 ml Wasser in einem Topf erhitzen. Das Gemüse in den Sud geben und 3 Minuten garen. Dann durch ein Sieb abgießen und das Gemüse in das Glas füllen. Knoblauch abziehen und in dünne Scheibchen schneiden. Zusammen mit Chilischote, Rosmarin und Salz zum Gemüse geben. Mit Pfeffer übermahlen.

3 Zucchini und Fenchel mit Olivenöl aufgießen und das Glas fest verschließen.

TIPP
Das eingelegte Gemüse hält sich im Kühlschrank 1–2 Wochen.

Marinierte Pilze *(Abb. S. 99 hinten)*

Für 4 Personen:
500 g kleine braune Champignons
2 Knoblauchzehen
2 EL Olivenöl
½ TL Thymian
1 EL Akazienhonig
2 EL Crema di Balsamico
200 ml Gemüsebrühe

Zubereitungszeit:
15 Min.

Nährwerte pro Person:
79 kcal, 331 kJ,
4 g EW, 5 g F, 4 g KH

1 Ein großes, fest verschließbares Glas mit heißem Wasser waschen und gut abtropfen lassen. Champignons putzen. Knoblauchzehen abziehen und in Scheiben schneiden.

2 Olivenöl in einer Pfanne erhitzen. Pilze und Knoblauch hineingeben und mit Thymian bestreuen. 2–3 Minuten braten. Honig und Crema di Balsamico einrühren.

3 Die Pilze mit der Gemüsebrühe ablöschen und 5 Minuten köcheln lassen. Dann das Ganze in das vorbereitete Glas füllen und fest verschließen. Die marinierten Champignons abkühlen lassen und anschließend kalt stellen.

TIPP
Die marinierten Pilze halten sich im Kühlschrank 5–6 Tage.

Eingelegter Thunfisch

Für 6 Personen:
450 g frischer weißer oder roter Thunfisch
½ Zitrone (unbehandelt)
2 Knoblauchzehen
4 Lorbeerblätter
4 Zweige Thymian
500 ml Olivenöl
½ TL rosa Pfefferkörner

Zubereitungszeit:
15 Min.
Marinierzeit:
1 Tag

Nährwerte pro Person:
315 kcal, 1318 kJ,
17 g EW, 28 g F, 0 g KH

1 2 ausreichend große und fest verschließbare Gläser gründlich waschen und abtropfen lassen. Thunfisch kalt abbrausen und trocken tupfen.

2 Zitrone heiß waschen und trocken reiben, dann in Scheiben schneiden. Knoblauchzehen abziehen und in dünne Scheiben schneiden.

3 Thunfisch in grobe Würfel schneiden. In die vorbereiteten Gläser geben. Zitronenscheiben, Knoblauch, Lorbeerblätter und Thymian zufügen und mit Olivenöl aufgießen.

4 Die Pfefferkörner über den Thunfisch streuen und Gläser fest verschließen. An einem dunklen, kühlen Ort mindestens 1 Tag marinieren lassen.

TIPP

Der Thunfisch kann roh oder auch kurz gebraten serviert werden.

Artischocken in Öl

Für 3 Gläser à ca. 400 ml:
12 Baby-Artischocken
Salz
3 Zitronen (unbehandelt)
500 ml Olivenöl

Zubereitungszeit:
15 Min.
Garzeit:
20 Min.

Nährwerte pro Glas:
383 kcal, 1602 kJ,
10 g EW, 34 g F, 11 g KH

1 Artischocken waschen und halbieren. Blattspitzen und Stiele abschneiden. Das Heu aus der Mitte entfernen.

2 In einem großen Topf reichlich gesalzenes Wasser zum Kochen bringen. 2 Zitronen auspressen und den Saft mit den Artischocken in das Wasser geben. 20 Minuten köcheln lassen.

3 In der Zwischenzeit 3 fest verschließbare Gläser gründlich reinigen und gut abtropfen lassen. Übrige Zitrone heiß waschen, trocken reiben und in Schnitze teilen.

4 Artischocken abgießen und gut abtropfen lassen. Auf die vorbereiteten Gläser verteilen. Das Ganze mit Olivenöl auffüllen und mit den Zitronenschnitzen bedecken. Gläser fest verschließen und an einem dunklen und kühlen Ort aufbewahren.

TIPP

Artischocken sind Distelgewächse. Frisch geerntet gibt es sie im Hoch- und Spätsommer, die kleineren italienischen bis in den Winter. Die Blütenköpfe sollten beim Kauf noch geschlossen sein und keine trockenen Blattspitzen oder braune Blätter haben.

Gewürzgurken

Für 3 Gläser à ca. 400 ml:
1 kg kleine Gürkchen
Salz
100 g Perlzwiebeln
375 ml Weißweinessig
75 g Zucker
6 Pimentkörner
3 Lorbeerblätter
3 Gewürznelken
1 EL Pfefferkörner
1 TL Senfsaat

Zubereitungszeit:
30 Min.
Ziehzeit:
12 Std. + 1 Woche

Nährwerte pro Glas:
196 kcal, 820 kJ,
3 g EW, 1 g F, 38 g KH

1 Gurken gut mit warmem Wasser waschen. In einen Topf oder eine Schüssel geben und 1 l Wasser sowie 75 g Salz dazugeben. Durchrühren und abdecken. 12 Stunden ziehen lassen.

2 3 fest verschließbare Gläser gründlich mit heißem Wasser und Spülmittel reinigen und trocknen lassen. Nach Ende der Ziehzeit das Salzwasser der Gurken abgießen. Die Gurken noch einmal gründlich waschen. Die Perlzwiebeln schälen.

3 Essig mit Zucker, Piment, Lorbeer, Gewürznelken, Pfefferkörnern und Senfsaat in einen Topf geben. Zwiebeln zufügen und das Ganze zum Kochen bringen. Die Zwiebeln aus dem Sud heben.

4 Gurken zusammen mit den Zwiebeln in die vorbereiteten Gläser geben. Mit dem heißen Sud aufgießen und die Gläser fest verschließen.

5 Eingelegte Gurken abkühlen lassen. Bis zum Verzehr mindestens 1 Woche an einem dunklen und kühlen Ort ziehen lassen.

TIPP

Für Gewürzgurken verwendet man junge, noch unreife Gurken. Achten Sie darauf, dass sie fest sind.

Eingelegter Manchego

Für 4 Personen:
300 g Manchego
1 Zweig Rosmarin
2 Zweige Thymian
1 frisches Lorbeerblatt
1 Prise Chili d'Espelette
300 ml Olivenöl

Zubereitungszeit:
10 Min.

Nährwerte pro Person:
553 kcal, 2314 kJ,
24 g EW, 51 g F, 1 g KH

1 Ein ausreichend großes Einweckglas gründlich heiß waschen und auf einem sauberen Küchentuch gut abtropfen lassen. Die Rinde des Manchego-Käses abschneiden und den Käse in daumendicke Würfel schneiden.

2 Rosmarin und Thymian abbrausen und trocken schütteln. Käse in das vorbereitete Glas schichten. Rosmarin, Thymian und Lorbeerblatt dazugeben und das Chilipulver darüberstreuen.

3 Manchego mit Olivenöl übergießen. Das Glas fest verschließen und an einem dunklen, kühlen Ort aufbewahren.

TIPP

Der eingelegte Manchego ist nach ca. 1 Woche fertig zum Verzehr.

Eingelegter Tofu

Für 1 Glas à ca. 500 ml:
200 g Räuchertofu (z. B. von Alnatura)
Salz
3 Knoblauchzehen
2 Chilischoten
5 Zweige Thymian
10 Oreganoblättchen
6 Basilikumblättchen
40 g getrocknete Tomaten
Pfeffer aus der Mühle
250 ml Olivenöl

Zubereitungszeit:
15 Min.
Ziehzeit:
3 Tage

Nährwerte pro Glas:
1220 kcal, 5104 kJ,
34 g EW, 118 g F, 9 g KH

1 1 großes, fest verschließbares Glas mit heißem Wasser gründlich reinigen und auf einem sauberen Küchentuch gut abtropfen lassen. Räuchertofu in 1 cm breite Würfel schneiden. Leicht mit Salz würzen. Die Knoblauchzehen abziehen und mit einem Messer ein wenig andrücken.

2 Chilischoten waschen, trocken tupfen und der Länge nach einritzen. Thymian, Oregano und Basilikum kalt abbrausen und trocken tupfen. Getrocknete Tomaten würfeln.

3 Knoblauch, Chilischoten, Kräuter und getrocknete Tomaten in das vorbereitete Glas geben. Das Ganze mit Salz und Pfeffer würzen. Tofuwürfel mit in das Glas geben und untermischen.

4 Das Glas mit Olivenöl auffüllen, bis Tofu und Gewürze vollständig bedeckt sind. Dann das Glas fest verschließen. Vor dem Verzehr mindestens 3 Tage im Kühlschrank durchziehen lassen.

TIPP
Den eingelegten Tofu rechtzeitig vor dem Servieren aus dem Kühlschrank nehmen, denn bei Zimmertemperatur schmeckt er am besten.

Senfgurken

Für 4 Gläser à ca. 1 l:
2 ½ kg Senfgurken
3 EL Salz
2 Bd. frischer Dill
250 ml Weinessig
400 g Zucker
3 EL Senfkörner
1 Päckchen Einmachhilfe

Zubereitungszeit:
1 Std.
Ziehzeit:
1 Tag + 1 Monat

Nährwerte pro Glas:
48 kcal, 202 kJ,
0 g EW, 0 g F, 11 g KH

1 Gurken schälen, die Hälfte der Länge nach durchschneiden und Kerne herauskratzen. Gurkenhälften in 2–3 cm große Stücke schneiden. Restliche Gurken in Scheiben schneiden.

2 Gurkenstücke und -scheiben jeweils mit 2 EL Salz bestreuen und mit Wasser bedecken. Abdecken und ca. 1 Tag an einem kühlen Ort durchziehen lassen. Nach Ende der Ziehzeit herausnehmen, abspülen und trocken tupfen.

3 Abwechselnd Gurken und Dillstängel in 4 gründlich gereinigte Gläser schichten. Essig mit 250 ml Wasser, Zucker, restlichem Salz und Senfkörnern aufkochen. Dann den Sud vom Herd nehmen, Einmachhilfe unterrühren und den heißen Aufguss über die Gurken gießen.

4 Die Gläser gut verschließen und die Gurken an einem kühlen und dunklen Ort ca. 1 Monat durchziehen lassen.

Mixed Pickles

Für 5 Gläser à ca. 450 ml:
1 kg kleine Gurken
55 g Salz, 250 g Möhren
375 g Blumenkohl
250 g Perlzwiebeln
750 ml Weinessig
175 g weißer Kandis
Gurkengewürz

Zubereitungszeit:
30 Min.
Ziehzeit:
12 Std.

Nährwerte pro Glas:
236 kcal, 988 kJ,
5 g EW, 1 g F, 45 g KH

1 Gurken mit 50 g Salz bestreuen und mit kaltem Wasser übergießen. Abdecken und ca. 12 Stunden stehen lassen.

2 Möhren schälen, in 2 cm dicke Scheiben schneiden und in kochendes Salzwasser geben und halb gar kochen. Blumenkohl putzen, in Röschen teilen und kurz überbrühen.

3 Gurken waschen, abreiben und mit den abgezogenen Perlzwiebeln, Blumenkohl und Möhren in Gläser schichten.

4 Essig, 1 l Wasser und Kandis aufkochen. 1–2 EL Gurkengewürz in die Gläser geben und die Essig-Zucker-Lösung darübergießen. Sofort verschließen und kalt stellen.

BEILAGE
Mixed Pickles sind eine sehr beliebte Beilage zu Fleischgerichten.

Eingelegte Heringe mit Zitronenzesten

Für 1 Glas à ca. 1 l:
8 Salzheringe, ausgenommen
1 Zitrone (unbehandelt)
1 Zweig Rosmarin
1 TL weiße Pfefferkörner
300 ml Weißwein- oder Obstessig
1 EL Zucker
1 EL Salz

Zubereitungszeit:
30 Min.
Wässerzeit:
12 Std.
Marinierzeit:
2 Tage

Nährwerte pro Glas:
1350 kcal, 5648 kJ,
103 g EW, 88 g F, 25 g KH

1 Salzheringe in eine Schüssel geben und mit kaltem Wasser bedecken. Abgedeckt mindestens 12 Stunden wässern.

2 Heringe nach Ende des Wässerns gründlich waschen und gegebenenfalls schuppen. Köpfe abschneiden. Die Fische filetieren und die Mittelgräte entfernen. Fischfilets danach noch einmal gründlich waschen und abtropfen lassen.

3 Ein großes, fest verschließbares Glas gründlich mit heißem Wasser reinigen und anschließend gut abtropfen lassen. Zitrone heiß waschen und trocken reiben. Die Zesten mit einem Zestenreißer abziehen. Zitrone halbieren und den Saft auspressen.

4 Rosmarin kalt abbrausen und trocken tupfen. Die Nadeln abzupfen. Fisch locker aufrollen. Mit Rosmarin, Zitronenzesten und Pfefferkörnern in das vorbereitete Glas geben.

5 Essig mit 200 ml Wasser, Zitronensaft, Zucker und Salz in einen Topf geben. Den Sud aufkochen und dann wieder abkühlen lassen. Über die Heringe im Glas gießen und fest verschließen. Eingelegte Heringe gut gekühlt mindestens 2 Tage ziehen lassen.

VARIANTE

Zu den eingelegten Salzheringen passen auch Kapern und Senfkörner. Diese einfach mit den Salzheringen und den Zitronenzesten in das Glas geben. Außerdem können Sie auch noch 2 Lorbeerblätter dazugeben.

Scharfer Kürbis

Für 2 Gläser à
ca. 450 ml:
750 g Kürbis
250 g Zucker
2 Knoblauchzehen
180 ml Weißweinessig
5 Chilischoten
1 TL rosa Beeren (z. B. von Ostmann)
Salz

Zubereitungszeit:
30 Min.
Ziehzeit:
3 Std. + 1 Tag

Nährwerte pro Glas:
633 kcal, 2649 kJ,
6 g EW, 1 g F, 149 g KH

1 Kürbis schälen und entkernen. Fruchtfleisch in ca. 2 cm große Stücke schneiden und mit Zucker vermischen. Das Ganze ca. 3 Stunden ziehen lassen.

2 Knoblauchzehen abziehen und in dünne Scheiben schneiden. Essig mit 500 ml Wasser, Knoblauch, Chilischoten und rosa Beeren in einen Topf geben und aufkochen. Die Kürbisstücke dazugeben und in ca. 8 Minuten bissfest garen.

3 2 Twist-off-Gläser sterilisieren. Kürbisstücke aus dem Essig-Gewürz-Sud nehmen und in die Gläser füllen.

4 Sud nochmals aufkochen und mit Salz abschmecken. Noch heiß über den Kürbis gießen und die Gläser sofort fest verschließen. Einige Minuten auf den Kopf stellen. Dann mindestens 1 Tag durchziehen lassen.

TIPP

Die Twist-off-Gläser sollten an einem kühlen und dunklen Ort gelagert werden. Fest verschlossen sind sie dann bis zu 1 Jahr haltbar.

Marinierte Paprika

Für 2 Gläser à ca. 300 ml:
je 3 rote und gelbe Paprikaschoten
Salz
Pfeffer aus der Mühle
4 Knoblauchzehen
ca. 500 ml Olivenöl

Zubereitungszeit:
15 Min.
Marinierzeit:
4 Tage

Nährwerte pro Glas:
539 kcal, 2255 kJ, 6 g EW, 51 g F, 15 g KH

1 2 Gläser gründlich reinigen und gut abtropfen lassen. Den Backofen auf 230 Grad oder Grillfunktion vorheizen. Paprikaschoten halbieren und von Kernen und weißen Innenhäuten befreien. Paprika waschen, trocken tupfen und nochmals halbieren.

2 Paprikastücke mit der Haut nach oben auf ein mit Backpapier belegtes Blech legen. So lange in den Ofen stellen, bis die Haut beginnt, Blasen zu werfen, und dunkel wird. Dann die Paprika aus dem Ofen nehmen.

3 Die Haut der Paprika mit feuchtem Küchenpapier belegen und die Haut abziehen. Paprikaschoten mit Salz und frisch gemahlenem Pfeffer würzen. Nach Geschmack die Schoten jeweils nochmals halbieren oder dritteln.

4 Knoblauchzehen abziehen und grob hacken. Mit den Paprikaschoten in die vorbereiteten Gläser geben. Das Ganze mit Olivenöl auffüllen und fest verschließen. 3–4 Tage marinieren lassen, dabei kühl und dunkel aufbewahren.

Eingelegte Feigen

Für 1 Glas à ca. 1 l:
500 g getrocknete Feigen
1 Orange (unbehandelt)
500 ml Weißwein
1 Zimtstange
100 g Zucker
125 ml brauner Rum

Zubereitungszeit:
30 Min.
Ziehzeit:
1 Woche

Nährwerte pro Glas:
193 kcal, 815 kJ,
1 g EW, 1 g F, 32 g KH

1 Feigen unter fließendem heißem Wasser abspülen, gut abtropfen lassen und in ein dekoratives, gründlich gesäubertes Glas füllen.

2 Orange heiß waschen, Schale mit einem Zestenreißer dünn abschälen. Den Saft auspressen. Wein mit Zimtstange, Zucker sowie Orangenschale in einen Topf füllen und aufkochen. Orangensaft und Rum unterrühren, heiß über die Feigen gießen und alles abkühlen lassen.

3 Gläser gut verschließen und bis zum Verzehr mindestens 1 Woche an einem kühlen und dunklen Ort durchziehen lassen.

Eingelegter Ziegenkäse

Für 2 Gläser à ca. 400 ml:
75 g getrocknete Tomaten
2 EL Balsamico-Essig (z. B. von Alnatura)
2 Knoblauchzehen
2 Rollen Ziegenfrischkäse Natur (à 125 g)
1 TL Kräuter der Provence
2 Lorbeerblätter
2 TL schwarze Pfefferkörner
ca. 500 ml Olivenöl

Zubereitungszeit:
30 Min.
Einweichzeit:
15 Min.
Marinierzeit:
1 Woche

Nährwerte pro Glas:
530 kcal, 2218 kJ, 22 g EW, 49 g F, 2 g KH

1 2 Einmachgläser gründlich heiß spülen und offen in den kalten Backofen stellen. Die Ofentemperatur auf 100 Grad schalten und die Gläser darin 20 Minuten sterilisieren. Anschließend Gläser herausnehmen und wieder abkühlen lassen.

2 Getrocknete Tomaten in einer Schale mit kochendem Wasser übergießen. Balsamico-Essig hinzufügen und Tomaten 15 Minuten einweichen. Anschließend Wasser abgießen und Tomaten mit Küchenpapier trocken tupfen.

3 Den Knoblauch abziehen und in dünne Scheiben schneiden. Ziegenkäse in ca. 1,5 cm dicke Scheiben schneiden. Abwechselnd mit Knoblauch, Tomaten und den Gewürzen in die Einmachgläser schichten.

4 Den Ziegenkäse mit Olivenöl übergießen, bis der Käse ca. 1,5 cm hoch bedeckt ist. Die Gläser fest verschließen und ca. 1 Woche an einem kühlen, dunklen Ort durchziehen lassen.

VARIANTE

Auf die gleiche Weise lassen sich auch eingelegte Mini-Mozzarella-Kugeln zubereiten. Vor dem Einfüllen in die Einmachgläser müssen sie unbedingt mit Küchenpapier gründlich trocken getupft werden.

Mandeln in Honig

Für 5 Gläser à
ca. 200 ml:
400 g Mandeln
50 g Pistazienkerne
100 ml brauner Rum
500 g flüssiger Honig

Zubereitungszeit:
35 Min.

Nährwerte pro Glas:
866 kcal, 3623 kJ,
17 g EW, 48 g F, 79 g KH

1 Mandeln in eine Schüssel füllen, mit heißem Wasser überbrühen und kurz einweichen lassen. Dann die Schalen der Mandeln bequem mit einem spitzen Messer abziehen.

2 Die geschälten Mandeln in eine Pfanne geben und ohne Fett rösten. Die Pistazien dazugeben und kurz mitrösten.

3 Die gerösteten Nüsse in eine Schüssel geben. Rum mit flüssigem Honig glatt rühren und sofort über die warmen Nüsse gießen.

4 Nussmasse in vorbereitete kleine Schraubgläser füllen und fest verschließen. Gläser umgedreht abkühlen lassen. Danach an einem dunklen und kühlen Ort aufbewahren.

Eingelegte Auberginen

Für 2 Gläser à
ca. 500 ml:
2 große Auberginen
ca. 600 ml Olivenöl
1 Zitrone (unbehandelt)
6 Knoblauchzehen
2 Stängel Salbei
1 TL bunte Pfefferkörner
½ TL rosa Pfefferkörner

Zubereitungszeit:
15 Min.
Ziehzeit:
1 Woche

Nährwerte pro Glas:
2700 kcal, 11.297 kJ, 4 g EW, 299 g F, 10 g KH

1 2 Twist-off-Gläser und Deckel gründlich mit heißem Wasser und Spülmittel reinigen. Auf einem sauberen Küchentuch abtropfen lassen.

2 Auberginen waschen, trocken reiben und längs in Scheiben schneiden. Mit etwas Olivenöl einstreichen und in einer beschichteten Pfanne auf mittlerer Flamme von beiden Seiten jeweils 5 Minuten braten. Auberginen auf die beiden Gläser aufteilen.

3 Die Zitrone heiß abwaschen, trocken reiben und in Scheiben schneiden. Knoblauchzehen schälen. Salbei kalt abbrausen und trocken tupfen.

4 Bunten und rosa Pfeffer, Salbei, Knoblauch und Zitronenscheiben auf die Gläser verteilen. Mit Olivenöl aufgießen; die Auberginen sollen vollständig mit Öl bedeckt sein. Die Gläser fest verschließen. An einem dunklen, kühlen Ort aufbewahren und vor dem Verzehr 1 Woche ziehen lassen.

TIPP

Nach dem Öffnen sollten die Auberginen innerhalb von 3 Tagen verzehrt werden.
Wenn Sie dem Beschenkten eine noch größere Freude machen wollen, schenken Sie noch ein selbst gebackenes frisches Brot mit (z. B. S. 56 oder 57). Das lässt sich in einem hübschen Geschenkkorb besonders schön arrangieren.

Würzig-scharfe Zwiebeln

Für 3 Gläser à ca. 300 ml:
750 g kleine Zwiebeln
2 kleine Chilischoten
1 Bd. frischer Thymian
125 ml Weißweinessig
12 schwarze Pfefferkörner
8 Pimentkörner
Salz

Zubereitungszeit: **40 Min.**
Garzeit: **15 Min.**

Nährwerte pro Glas:
25 kcal, 105 kJ,
1 g EW, 0 g F, 4 g KH

1 Zwiebeln schälen und vierteln. Die Chilischoten entkernen, waschen und in Scheiben schneiden. Thymian kalt abbrausen und trocken tupfen.

2 Zwiebeln und Chilischoten in einen Topf geben. Mit Weinessig, 125 ml Wasser, Pfefferkörnern, Pimentkörnern, Thymian und Salz aufkochen und bei mittlerer Hitze ca. 15 Minuten bissfest garen.

3 Thymian entfernen. Zwiebel-Chili-Masse noch heiß in gereinigte Gläser füllen und heiß verschließen. An einem kühlen, dunklen Ort aufbewahren.

Italienische Senffrüchte

Für 8 Gläser à ca. 370 ml:
2 kg Früchte (z. B. Äpfel, Birnen, Aprikosen, Pfirsiche, Orangen, Ananas, Melone)
Salz
1 ½ kg Zucker
250 ml Weißweinessig
200 g helles Senfmehl

Zubereitungszeit: **1 Std.**

Nährwerte pro Glas:
243 kcal, 1080 kJ
1 g EW, 1 g F, 58 g KH

1 Äpfel und Birnen schälen, vierteln, entkernen und in Salzwasser legen, damit sie hell bleiben. Aprikosen und Pfirsiche kurz in kochendes Wasser tauchen, abschrecken, häuten, halbieren und entsteinen.

2 Alle Früchte in gleich große Stücke schneiden, höchstens 3 cm dick. Zitrusfrüchte in Scheiben schneiden. 250 ml Wasser, Zucker und Essig bei mittlerer Hitze zum Kochen bringen. Früchte getrennt hineingeben und glasig garen.

3 Die fertigen Früchte mit der Schöpfkelle entnehmen, in ein Sieb geben und abtropfen lassen. Solange sie warm sind, in 8 gründlich gereinigte Gläser schichten; die einzelnen Fruchtsorten übereinanderschichten oder mischen.

4 Den Sud im Topf bei starker Hitze 10 Minuten sprudelnd kochen. Danach vom Herd ziehen und abkühlen lassen.

5 Senfmehl mit etwas Sirup zu einer glatten Paste verrühren. Übrigen Sirup nach und nach dazugeben und mit einem Schneebesen verrühren, damit sich keine Klümpchen bilden. Abschmecken. Mehr Senfmehl dazugeben, wenn der Sirup noch schärfer werden soll (die Früchte nehmen einen großen Teil der Schärfe auf).

6 Früchte mit Sirup bedecken. Gläser verschließen und dunkel aufbewahren, damit die frischen Farben erhalten bleiben. Die italienischen Senffrüchte zu Fondue oder Bratenaufschnitt reichen.

AUS DER FLASCHE

Johannisbeersirup *(Abb. S. 115)*

Für 2 Flaschen à ca. 750 ml:
1 kg Johannisbeeren
500 g Zucker

Zubereitungszeit:
20 Min.
Garzeit:
20 Min.
Abtropfzeit:
4 Std.

Nährwerte pro Flasche:
615 kcal, 2573 kJ,
8 g EW, 2 g F, 143 g KH

1 Beeren kalt abbrausen, abtropfen lassen und von den Rispen zupfen. Mit 300 ml Wasser in einen Topf geben und zugedeckt aufkochen lassen. 20 Minuten bei milder Hitze leise köcheln lassen.

2 Ein Küchensieb mit einem sauberen Handtuch auslegen. Johannisbeeren hineingeben und den Saft auffangen. Ca. 4 Stunden gut abtropfen lassen. Dabei die Beeren nicht ausdrücken, da der Sirup sonst trüb wird.

3 2 fest verschließbare Bügelflaschen gründlich mit heißem Wasser und Spülmittel reinigen und gut trocknen lassen. Den abgelaufenen Johannisbeersaft in einen Topf geben. Mit Zucker vermengen und das Ganze kräftig aufkochen. Kurz kochen lassen.

4 Den Johannisbeersirup noch heiß in die vorbereiteten Flaschen füllen. Diese fest verschließen und an einem dunklen und trockenen Ort lagern.

VARIANTE

Den Sirup können Sie auch mit etwas Vanille aromatisieren; dafür entweder ein Päckchen Vanillezucker mit dem anderen Zucker zugeben oder den Beeren das Mark von ½ Vanilleschote zugeben. Wie diesen Johannisbeersirup können Sie auch andere Sirupe herstellen. Versuchen Sie es doch auch mal mit Himbeeren oder Brombeeren.

Granatapfelsaft

Für 2 Flaschen à ca. 500 ml:
3 kg Granatäpfel
1 kg Blutorangen
200 g Zucker

Zubereitungszeit:
35 Min.
Garzeit:
1 Std. 10 Min.
Ablaufzeit:
12 Std.

Nährwerte pro Flasche:
86 kcal, 369 kJ,
1 g EW, 1 g F, 19 g KH

1 Granatäpfel in einen gusseisernen Bräter legen, zudecken und dann in die Mitte des Backofens schieben. Bei 150 Grad 1 Stunde backen. Die Früchte sollen breiig sein und im eigenen Saft liegen.

2 Früchte in ein sauberes Mulltuch geben und Saft über Nacht ablaufen lassen; Saft auffangen. Früchte nicht pressen.

3 Die Orangen halbieren und auspressen. Den Saft durch ein Tuch laufen lassen und das Ganze gut auswringen.

4 Beide Säfte mischen. Den Zucker mit 50 ml Granatapfelsaft klar kochen. Dann den übrigen Saft dazugießen und auf ca. 90 Grad erhitzen. 10 Minuten einkochen, dann in gründlich gereinigte Flaschen füllen und fest verschließen.

Himbeerlimes

Für 5 Flaschen à ca. 250 ml:
500 g Himbeeren
225 g brauner Zucker
125 ml Limettensaft, frisch gepresst
100 ml Himbeergeist
300 ml Wodka

Zubereitungszeit:
15 Min.

Nährwerte pro Flasche:
422 kcal, 1766 kJ, 1 g EW, 1 g F, 53 g KH

1 5 Flaschen mit Bügelverschluss gründlich mit heißem Wasser und etwas Spülmittel reinigen. Gut trocknen lassen. Himbeeren bei Bedarf vorsichtig abbrausen und gut abtropfen lassen.

2 Himbeeren verlesen und in eine Rührschüssel geben. Braunen Zucker und Limettensaft zugeben. Mit einem Stabmixer fein pürieren. Der Zucker sollte gut aufgelöst sein.

3 Die Früchte mit Himbeergeist und Wodka vermengen. Den Himbeerlimes in die vorbereiteten Flaschen füllen. Gut gekühlt, gerne auch im Gefrierschrank, lagern. Die Flaschen vor dem Servieren kräftig schütteln.

TIPP

Im Gefrierfach aufbewahrt ist der Limes mindestens 6 Monate haltbar. Er sollte dann einige Minuten vor dem Servieren entnommen werden. Verzieren Sie die Flaschen mit farblich passenden, sommerlichen Etiketten, auf denen neben der genauen Bezeichnung des Inhalts auch das Herstellungsdatum vermerkt ist.

Zimtlikör

Für 1 Flasche à ca. 800 ml:
½ Orange
7 Zimtstangen (z. B. Ceylon Canehl von Fuchs)
125 g brauner Zucker oder Kandis
700 ml Weinbrand

Zubereitungszeit:
15 Min.
Ziehzeit:
1 Monat

Nährwerte pro 100 ml:
273 kcal, 1142 kJ,
0 g EW, 0 g F, 18 g KH

1 Die Orangenhälfte auspressen. Zimtstangen zusammen mit Orangensaft und braunem Zucker in eine fest verschließbare Flasche geben.

2 Orangenmischung mit Weinbrand aufgießen. Die Flasche fest verschließen und an einen dunklen und kühlen Ort stellen. Den Ansatz ca. 1 Monat ziehen lassen.

3 Nach Ende der Ziehzeit ein Sieb mit einem Mulltuch auslegen. Den Zimtlikör dadurch filtern. In eine dekorative Flasche füllen.

TIPP

Es ist immer schön, edle Tropfen in einer attraktiven Karaffe zu verschenken. Beim Transport sollten Sie dann aber vorsichtig sein, da Karaffen nicht so gut schließen wie andere Flaschen. Zimt stammt übrigens ursprünglich aus Sri Lanka und wurde schon von den Ägyptern und Römern verwendet.

Schokoladenlikör

Für 1 Flasche à ca. 1 l:
250 g Zartbitterschokolade (60 % Kakao)
500 g Schlagsahne
Zucker
50 ml Nusslikör
200 ml Cognac

Zubereitungszeit:
15 Min.

Nährwerte pro 100 ml:
332 kcal, 1389 kJ,
3 g EW, 23 g F, 15 g KH

1 Schokolade grob hacken. Mit der Schlagsahne und etwas Zucker in einen Topf geben. Erhitzen und unter Rühren schmelzen. Anschließend das Ganze abkühlen lassen.

2 Wenn der Schokoladensud abgekühlt ist, Nusslikör und Cognac zugeben und gründlich unterrühren. Schokoladenlikör in eine hübsche Karaffe oder Flasche umfüllen.

3 Den Likör bei Zimmertemperatur oder gekühlt servieren. Vor dem Servieren den Likör unbedingt aufrühren oder kräftig schütteln.

TIPP

Der Schokoladenlikör ist mit einem stimmungsvollen Anhänger und einer schönen goldenen Schleife ein ideales Weihnachtsgeschenk.
Der Likör sollte kühl gelagert werden, dann hält er sich ca. 2 Wochen. Und da schmeckt er nicht nur aus dem Glas, sondern auch als Topping z. B. über leckeres Vanilleeis.

Pfirsichlikör

Für 2 Flaschen à ca. 550 ml:
6 reife Pfirsiche
1 l Korn (38 Vol.-%)

Zubereitungszeit: **30 Min.**
Ziehzeit: **7 Wochen + 3 Monate**

Nährwerte pro Flasche:
1230 kcal, 5146 kJ, 1 g EW, 0 g F, 19 g KH

1 Pfirsiche mit kaltem Wasser waschen, halbieren und Steine entfernen. Das Fruchtfleisch in Spalten schneiden.

2 Pfirsiche in ein Ansatzgefäß geben und den Korn darübergießen, dann das Ganze luftdicht verschließen. Ansatz ca. 7 Wochen an einem warmen, jedoch nicht sonnigen Ort ruhen lassen.

3 Ansatz durch einen Filter laufen lassen, in vorbereitete Flaschen abfüllen und 2–3 Monate nachreifen lassen.

Kräuterlikör

Für 4 Flaschen à ca. 550 ml:
1 Zitrone (unbehandelt)
1 kg Kandis
je 2 g Kamille, Oregano, Minze, Salbei, Rosmarin, Thymian und Basilikum
2 l Korn

Zubereitungszeit: **35 Min.**
Ziehzeit: **1 Monat**

Nährwerte pro Flasche:
548 kcal, 2293 kJ, 0 g EW, 0 g F, 66 g KH

1 Zitrone heiß waschen, mit Küchenpapier trocken tupfen, Schale fein abreiben. Zitronenschale, Kandis und Kräuter nach und nach in ein großes Gefäß geben, mit Korn auffüllen und gut verschließen.

2 Dann den Ansatz ca. 1 Monat an einem nicht zu kalten, dunklen Ort stehen lassen. Kräuterlikör filtern, in Flaschen abfüllen und einige Tage fest verschlossen nachreifen lassen.

Orangenlikör

Für 1 Flasche à ca. 750 ml:
Für die Essenz:
6–8 Orangen (unbehandelt)
500 ml reiner Alkohol (90–98 Vol.-%)
Für den Likör:
250 g weißer Zucker
125 ml Orangenessenz
125 ml reiner Alkohol (90–98 Vol.-%)
250 ml Wodka

Zubereitungszeit: **30 Min.**
Ziehzeit: **3 Monate**

Nährwerte pro Flasche:
1890 kcal, 7908 kJ, 0 g EW, 0 g F, 253 g KH

1 Für die Essenz Orangen unter fließendem heißem Wasser kräftig abbürsten und trocken reiben. Die Früchte sehr dünn schälen, das Weiße muss an den Früchten bleiben. Die Schalen in feine Streifen schneiden.

2 In eine gut gereinigte Literflasche 500 ml reinen Alkohol gießen. Die Flasche mit den Orangenschalen füllen, bis sie ganz voll ist.

3 Die Flasche 3 Monate an einem warmen, sonnigen Platz ziehen lassen. In der Zeit gelegentlich schütteln.

4 Nach der Ziehzeit die Flüssigkeit durch ein sehr feines Sieb gießen, dann filtern. Die Essenz aufbewahren.

5 Für den Likör Zucker mit 250 ml Wasser läutern und dann wieder abkühlen lassen. In eine weite Porzellan- oder Glasschale füllen. Orangenessenz und nochmals reinen Alkohol dazugeben.

6 Das Ganze so lange stehen lassen, bis sich die Flüssigkeit geklärt hat. Dann den Wodka dazugießen und den Likör in eine fest verschließbare Flasche füllen.

Holunderbeerlikör *(Abb. unten links)*

Für 3 Flaschen à ca. 300 ml:
200 g reife Holunderbeeren
100 g Kandis
700 ml Korn (32 Vol.-%)

Zubereitungszeit:
30 Min.
Ziehzeit:
2 Monate

Nährwerte pro Flasche:
717 kcal, 2300 kJ,
2 g EW, 0 g F, 42 g KH

1 Holunderbeeren von den Dolden streifen, waschen, grüne Beeren auslesen. Früchte, Kandis und Korn in Flaschen füllen und gut verschlossen an einen dunklen, nicht zu kühlen Ort ruhen lassen.

2 Nach ca. 2 Monaten hat der Holunderbeerlikör sein volles Aroma entwickelt. Die Beeren können nach Geschmack im Likör verbleiben. Er schmeckt bei Zimmertemperatur am besten.

Holunderbeersaft

(Abb. rechts)

Für 3 Flaschen à ca. 500 ml:
2 kg reife Holunderbeeren
500 g Gelierzucker
2 Nelken
½ Zimtstange

Zubereitungszeit:
30 Min.
Ziehzeit:
7 Std.

Nährwerte pro Flasche:
114 kcal, 474 kJ,
1 g EW, 0 g F, 25 g KH

1 Holunderbeeren waschen und abtropfen lassen. Mit Zucker, Nelken und Zimtstange in einem Topf erhitzen und abgedeckt 5 Stunden ziehen lassen.

2 Mischung durch ein sauberes Tuch gießen, andrücken und ca. 2 Stunden abtropfen lassen. Saft auffangen. Holunderbeersaft in vorbereitete Flaschen füllen und verschließen.

TIPP

Füllen Sie den Saft zum Verschenken in hübsche Bügelflaschen und befestigen Sie ein Schild mit Namen und Herstellungsdatum des Inhalts.

Rosmarinöl

Für 1 Flasche à ca. 300 ml:
2 Zweige Rosmarin
300 ml Olivenöl

Zubereitungszeit:
10 Min.
Ziehzeit:
4 Tage

Nährwerte pro 100 ml:
882 kcal, 3690 kJ,
0 g EW, 100 g F, 0 g KH

1 Eine Flasche gründlich mit heißem Wasser und Spülmittel reinigen. Anschließend vollständig trocknen lassen.

2 Rosmarin kalt abbrausen und gründlich trocken tupfen. Die Zweige halbieren und in die vorbereitete Flasche stecken. Mit dem Olivenöl auffüllen.

3 Flasche fest verschließen. An einem trockenen und dunklen Ort 3–4 Tage ziehen lassen, dann hat das Öl das Aroma angenommen.

TIPP

Sobald nach dem Anbrechen der Flasche der Rosmarin nicht mehr komplett mit Öl bedeckt ist, sollte er aus dem Öl entfernt werden, um einer Schimmelbildung vorzubeugen.
Bei diesem Geschenk bietet es sich an, einen Zweig frischen Rosmarin zum Verzieren an die Flasche zu binden.

Salbei-Knoblauch-Öl

Für 1 Flasche à ca. 550 ml:
6 Knoblauchzehen
12 Salbeiblätter
500 ml Olivenöl

Zubereitungszeit:
10 Min.
Ziehzeit:
5 Tage

Nährwerte pro 100 ml:
878 kcal, 3674 kJ,
0 g EW, 99 g F, 0 g KH

1 Eine Flasche gründlich reinigen und gut trocknen lassen. Den ungeschälten Knoblauch kalt waschen und trocken tupfen. An einer Längsseite einritzen. Salbeiblätter kalt abbrausen und mit Küchenpapier trocken tupfen.

2 Salbei und Knoblauch in die vorbereitete Flasche geben. Das Ganze mit Olivenöl auffüllen. Die Flasche 4–5 Tage an einem kühlen, dunklen Ort ziehen lassen.

TIPP

Das Salbei-Knoblauch-Öl sollte nach dem Öffnen innerhalb von 2 Wochen verbraucht werden. Im Kühlschrank lagern.

Steinpilz-Chili-Öl

Für 1 Flasche à ca. 200 ml:
2 g getrocknete Steinpilze (z. B. von Ostmann)
8 Chilischoten
180 ml hochwertiges Speiseöl (z. B. Olivenöl)
1 Zweig frischer Rosmarin

Zubereitungszeit: **5 Min.**
Ziehzeit: **3 Wochen**

Nährwerte pro 100 ml:
798 kcal, 3339 kJ, 0 g EW, 90 g F, 1 g KH

1 Eine hübsche, helle Schmuckflasche gründlich mit heißem Wasser und Spülmittel reinigen. Anschließend gut trocknen lassen.

2 Steinpilze und Chilischoten in die trockene Flasche geben. Das Ganze mit dem Speiseöl auffüllen und 2–3 Wochen ziehen lassen.

3 Während der Ziehzeit werden die hochwertigen geschmacksgebenden Bestandteile von Pilzen und Chili im Öl gelöst. Nach Ende der Ziehzeit und kurz vor dem Verschenken den Rosmarinzweig mit in die Flasche geben.

TIPP

Verzieren Sie die Flasche mit einer Schleife und einem hübschen Schild, auf dem der Name des Öls steht. Auch gibt es attraktive Flaschen, die ein wiederbeschreibbares schwarzes Feld besitzen. So kann der Beschenkte die Flasche immer wieder verwenden und weiß, was er darin abgefüllt hat.

Birnen-Zimt-Essig *(Abb. unten rechts)*

Für 2 Gläser à ca. 550 ml:
4 Birnen
2 Zimtstangen
800 ml Obstessig

Zubereitungszeit:
10 Min.
Ziehzeit:
2 Wochen

Nährwerte pro 100 ml:
19 kcal, 79 kJ,
0 g EW, 0 g F, 2 g KH

1 2 Einweckgläser gründlich reinigen und gut abtropfen lassen. Birnen waschen, trocken reiben und vierteln. Kernhäuser entfernen und Fruchtfleisch in Spalten schneiden.

2 Birnenspalten mit Zimtstangen in die vorbereiteten Gläser geben. Mit dem Obstessig auffüllen und fest verschließen.

3 Die Gläser an einem kühlen, trockenen Ort lagern. Nach 2 Wochen das Ganze durch ein Sieb gießen und zum weiteren Lagern in steril gereinigte Gefäße füllen.

TIPP
Dieser Birnen-Zimt-Essig passt sehr gut zum Abschmecken von exotischen Currys.

Tomatenessig *(Abb. links)*

Für 2 Flaschen à ca. 550 ml:
800 g Cocktailtomaten
2 Schalotten
2 Knoblauchzehen
1 Zweig Rosmarin
500 ml Weinessig
1 Lorbeerblatt
1 TL Salz
1 TL Zucker
1 TL Pfefferkörner

Zubereitungszeit:
15 Min.
Ziehzeit:
2 Wochen

Nährwerte pro 100 ml:
26 kcal, 109 kJ,
1 g EW, 0 g F, 3 g KH

1 2 Flaschen steril auskochen. Tomaten waschen, trocken tupfen und je nach Bedarf halbieren oder vierteln. In die beiden Flaschen füllen.

2 Schalotten und Knoblauch schälen. Schalotten in Streifen und Knoblauch in Scheiben schneiden. Rosmarin abbrausen, trocken schütteln und Nadeln vom Zweig streifen.

3 Schalotten, Knoblauch und Rosmarin in einen Topf geben. Zusammen mit Essig, Lorbeerblatt, Salz, Zucker und Pfefferkörnern aufkochen. Den Sud über die Tomaten gießen, sodass diese bedeckt sind.

4 Die Flaschen gut verschließen und an einem dunklen und kühlen Ort ca. 2 Wochen ziehen lassen. Dann den Essig durch ein Sieb gießen und wieder in Flaschen zurückfüllen.

Zitronenessig

Für 1 Flasche à
ca. 500 ml:
2 Zitronen (unbehandelt)
2 Peperoni
6 Pfefferkörner
500 ml Weißweinessig

Zubereitungszeit:
30 Min.
Ziehzeit:
1 Monat

Nährwerte pro 100 ml:
3 kcal, 12 kJ,
1 g EW, 0 g F, 1 g KH

1 Zitronen heiß waschen, abtrocknen und mit einem Sparschäler spiralförmig schälen. Peperoni waschen.

2 Zitronenschale, Peperoni und Pfefferkörner in die Flasche geben. Mit Weißweinessig auffüllen. Verschließen und an einem dunklen Ort ca. 1 Monat ziehen lassen. Gelegentlich durchschütteln. Nach Ende der Ziehzeit Essig abseihen, wieder in die gut ausgespülte Flasche füllen und nach Belieben Zitronenschalenspiralen zugeben.

Exotisches Öl

Für 1 Flasche à
ca. 350 ml:
1 Zitrone (unbehandelt)
2 Knoblauchzehen
2 Thai-Chilischoten
1 EL Koriandersamen
1 Muskatnuss
300 ml mildes Olivenöl

Zubereitungszeit:
10 Min.
Ziehzeit:
4 Tage

Nährwerte pro 100 ml:
757 kcal, 3167 kJ,
0 g EW, 85 g F, 0 g KH

1 Eine fest verschließbare Flasche gründlich mit heißem Wasser und etwas Spülmittel reinigen und anschließend vollständig trocknen lassen. Die Zitrone unter fließendem heißem Wasser gründlich waschen und dann trocken reiben.

2 Die Zitrone mit einem Sparschäler so schälen, dass sich kein Rest der weißen Innenhaut an der Schale befindet. Die Knoblauchzehen schälen. Chilischoten waschen und trocken tupfen.

3 Zitronenschale mit Knoblauchzehen, Chilischoten, Koriandersamen und Muskatnuss in die Flasche geben. Das Ganze mit Olivenöl aufgießen. Verschließen, dann dunkel und kühl 3–4 Tage ziehen lassen.

TIPP
Dieses exotische Öl sollte im Kühlschrank aufbewahrt und innerhalb von 1 bis 2 Wochen verbraucht werden.

Zitrusöl mit Dill

Für 1 Flasche à
ca. 750 ml:
1 kleines Bd. Dill
1 Zitrone (unbehandelt)
3 Limetten (unbehandelt)
450 ml mildes Olivenöl

Zubereitungszeit:
10 Min.
Ziehzeit:
3 Tage

Nährwerte pro 100 ml:
888 kcal, 3715 kJ,
1 g EW, 100 g F, 1 g KH

1 1 Flasche mit ausreichend großer Öffnung gründlich reinigen und gut trocknen lassen. Dill kalt abbrausen, trocken schütteln und sehr grobe Stielenden entfernen.

2 Zitrone und Limetten unter fließendem heißem Wasser gründlich reinigen und abbürsten, anschließend trocken reiben. Alle Zitrusfrüchte mit einem Sparschäler schälen und Früchte in Scheiben schneiden.

3 Schalen, Fruchtscheiben und Dill in die vorbereitete Flasche geben. Mit Olivenöl auffüllen. Öl im Kühlschrank 3 Tage durchziehen lassen.

Register

Bildnachweis

Titelbild: StockFood
Inhalt: Almond Board of California: 37, 52; Alnatura: 17, 22, 24, 27, 59, 99, 105, 111; Alpro soya: 35; Aurora: 36, 40; Australische Macadamias: 47; Butaris: 32, 56; California Walnut Commission: 29, 33, 42, 63; Cranberry Marketing Committee: 4 u. r., 8 u.; Erdgas: 74; fotolia.com: Stuart Monk 6 o. r., Iris Bäuchler 7 r.; IHR – Ideal Home Range: 4 o. l., 5 o. l., 7 l., 9 u. r., 10 M.; Fuchs Gewürze: 73, 118; Köllnflocken: 25, 26, 39, 44; Lätta: 19, 43; Leser/Mosaik Verlag: 110; Ostmann Gewürze: 108, 124; Palmin: 18; Photocuisine: 13, 15, 21, 31, 45, 49, 53, 54, 60, 61, 65, 68, 75, 77, 78, 79, 80, 83, 85, 87, 90, 101, 102, 103, 104, 109, 113, 115, 122, 123; pixelio.de: Angelina Ströbel 5 r., BirgitH 6 u. l., gänseblümchen 8 o., Simone Heinz 9 o. r., BirgitH 10 o. und u.; Politt/Südwest Verlag: 67, 81; Rama: 11, 16, 41, 46, 62; Rees/Südwest Verlag: 70; Sanella: 23, 34; StockFood: 51, 55, 57, 69, 88, 89, 91, 93, 94, 95, 96, 97, 107, 112, 117, 119, 121, 125; SweetFamily: 9 l., 14, 71, 72, 86